数字时代图书馆学情报学青年论丛
（第二辑）

本书的出版获得以下项目的资助：
国家自然科学基金青年项目（编号：71403190）
中国博士后科学基金特别资助项目（编号：2015T80840）
中国博士后科学基金面上项目（编号：2014M552090）

基于多维尺度分析的潜在主题可视化研究

A Research on Underlying Topics Visualization Based on MDS Model

赵一鸣　著

武汉大学出版社

图书在版编目(CIP)数据

基于多维尺度分析的潜在主题可视化研究/赵一鸣著. —武汉：武汉大学出版社,2015.10
数字时代图书馆学情报学青年论丛.第2辑
ISBN 978-7-307-17023-0

Ⅰ.基… Ⅱ.赵… Ⅲ.图书馆工作—可视化仿真—研究 Ⅳ.G250.7

中国版本图书馆 CIP 数据核字(2015)第 248971 号

责任编辑：王智梅　　责任校对：汪欣怡　　版式设计：马　佳

出版发行：武汉大学出版社　（430072　武昌　珞珈山）
（电子邮件：cbs22@whu.edu.cn　网址：www.wdp.com.cn）
印刷：湖北省荆州市今印印务有限公司
开本：720×1000　1/16　印张：12.25　字数：176 千字　插页：1
版次：2015 年 10 月第 1 版　　2015 年 10 月第 1 次印刷
ISBN 978-7-307-17023-0　　定价：26.00 元

版权所有，不得翻印；凡购我社的图书，如有质量问题，请与当地图书销售部门联系调换。

前　　言

　　潜在主题的发现，可以帮助人们迅速获得文本集的中心思想、内容特征，挖掘隐含的信息。如果能使用可视化方法提取文本集包含的潜在主题，将潜在主题表示在可视空间中，人们就可以直观、快速地获取文本集的中心内容，发现隐藏的知识结构和模式，发现潜在的规律特征，实现深层次的文本挖掘和知识发现。

　　本书报告了一个潜在主题发现方面的研究成果。研究的目标是"使用可视化方法表示、挖掘、呈现和解释文本集包含的潜在主题，展示不同层次和观测水平上的潜在主题与发现主题之间的关联，将潜在主题可视化方法应用于特定领域的文本知识发现"。

　　本书认为，可以找到一组在文本集中具有集聚关系的词条集合来表示潜在主题，将这种集聚关系抽象出来，就能得到从属于同一个主题的词条集合。为了将集聚关系抽象出来，使用词条在转置向量空间中的邻近关系表示词条在原始文本集中的集聚特性，有集聚关系的词条会在高维转置向量空间中相互邻近。由于高维空间不具有可以观测的几何结构，所以本书选择 MDS 可视化的方法将词条在高维空间中的邻近关系投影到人们可视的低维 MDS 空间图中，使用低维的空间对象结构来映射高维空间中的对象之间的关系和结构。由于保持了高维空间中的拓扑结构，从属于同一个主题的词条在低维可视空间中仍然相互邻近，在 MDS 空间图中形成一个个类团，每一个类团就是一个潜在主题。这个方法流程克服了共词分析和数据库内容结构分析使用 MDS 进行空间聚类时对统计共现次数和必须事先选定种子词等步骤的依赖。

本书论证了使用词条集合表示潜在主题的原理、在转置向量空间中词的邻近关系表示集聚关系的原理、用多维尺度分析（MDS）将邻近关系投影到低维空间的原理，构建了使用 MDS 可视化方法挖掘并展示潜在主题的基本流程。

全书共分六章，主要围绕文本集中潜在主题的发现、表示、呈现和解释这一主线，逐层深入，主要分为原理论证、方法设计、实际应用三个模块，章节安排如下：

第一章为绪论。从实际工作对文本挖掘与知识发现的需求入手，引出了使用可视化方法来挖掘文本集中潜在主题的总体思路；从基于文本单元聚类的主题发现、基于共词分析的主题发现、基于数据库内容结构分析的主题发现和基于概率主题模型的潜在主题发现等方法进行了文献评述，并与本书的思路、方法和技术路线作了深入比较；接着提出了研究目标和拟解决的科学问题，报告研究方法和技术路线。

第二章为理论基础。本研究属于文本挖掘与知识发现的学科领域，所以，从研究的实际内容出发，着重介绍了与研究主题内容有密切关联的理论基础，包括文本的向量空间表示、文本的特征选择与提取、信息可视化、聚类知识发现，等等。

第三章是潜在主题可视化的基本原理和流程。本章论述了使用可视化方法表示、挖掘和展示的基本原理，包括用具有集聚关系的词条集合表示潜在主题的原理、用转置向量空间中的邻近关系表示集聚关系的原理、用 MDS 将邻近关系投影到低维空间的原理，重点分析了使用 MDS 可视化方法表示潜在主题的可行性和优势，构建了潜在主题可视化的整体流程，详细论述了具体步骤及每个步骤的基本原理。

第四章是潜在主题可视化的方法。根据潜在主题可视化的基本原理，针对实际应用中可能存在的局限和难点提出解决方案，改进、完善和优化潜在主题可视化的流程。本章解决的问题主要有：

为了突破可视空间只能展示有限个对象的缺点和克服 MDS 空间聚类结果在可解释性、可理解性方面的欠缺，将扎根理论的思想和部分方法融入潜在主题可视化中，一是在 MDS 进行降维之前引入开放式编码的环节，二是在得到 MDS 可视化结果之后返回原始文本集进行扎根性分析，对整个可视化流程进行了第一次重塑和优化；提出了领域情景、主题情景、上下文情景三个层次的情景模型，为可视化方法的改进提供了入口；为了能在不同观测水平上研究潜在主题、发现同一层次潜在主题之间的关联、解释主题的关联、还原更多的上下文情景、寻找新的潜在主题，设计了三个层次的应用方法，分别是：基于邻近矩阵、基于质心邻近矩阵、基于属性叠加邻近矩阵的可视化方法，并在加入了这些方法以后，完成了对可视化流程的第二次重塑和优化。至此，本书构建了一套完整的潜在主题可视化方法流程与策略体系。

第五章是潜在主题可视化在上市公司风险识别中的应用。使用潜在主题可视化的方法，以计算机应用服务业的 97 家上市公司招股说明书中关于"风险因素"的文字描述为目标文本集，进行上市公司风险识别的知识发现。研究结果表明：潜在主题可视化的方法体系成功挖掘、展示并解释了上市公司风险文本中不同层次的潜在主题及其内部结构，发现了潜在主题之间的关联，实现了多层次的知识发现。

第六章是总结与展望。对研究工作进行了全面总结，指出了研究中存在的不足和局限性，并就下一步的工作进行了展望。

本书主要是在笔者的博士论文和博士后研究基础上完成的。在此，首先衷心感谢我的博士导师黎苑楚研究员、博士联合培养导师张进教授、博士后导师马费成教授的精心指导和大力帮助。武汉大学出版社老师在本书出版的过程中也付出了大量辛勤的劳动。

本书的出版得到了相关项目的资助，它们分别是：国家自然科学基金青年项目（编号：71403190），中国博士后科学基金特别资助项目（编号：2015T80840），中国博士后科学基金面上项目（编号：2014M552090）。

前 言

　　本书参考了大量其他学者的研究成果，在此一并表示感谢。由于水平有限，书中难免有疏漏之处，恳请专家和读者们不吝赐教。

赵一鸣

2015 年 6 月于珞珈山

目　录

第 1 章　绪论 ……………………………………………………… 1
  1.1　研究背景与意义 ………………………………………… 1
  1.2　国内外研究现状 ………………………………………… 6
  1.3　研究目的与研究问题 …………………………………… 25
  1.4　研究方法与思路 ………………………………………… 26
  1.5　特色与创新点 …………………………………………… 29

第 2 章　文本主题发现的理论基础 ………………………………… 30
  2.1　文本挖掘 ………………………………………………… 30
  2.2　知识发现 ………………………………………………… 36

第 3 章　潜在主题可视化的基本原理和流程 ……………………… 40
  3.1　词汇集聚与潜在主题的表示 …………………………… 40
  3.2　MDS 可视化与潜在主题的挖掘和展示 ……………… 54
  3.3　潜在主题可视化的基本流程 …………………………… 66
  3.4　小结与讨论 ……………………………………………… 79

第 4 章　潜在主题可视化的方法 …………………………………… 80
  4.1　扎根理论与潜在主题可视化的融合 …………………… 81
  4.2　潜在主题可视化中的情景模型 ………………………… 93
  4.3　潜在主题可视化的方法设计 …………………………… 97

4.4 小结与讨论 …………………………………………………… 106

第 5 章　潜在主题可视化在上市公司风险识别中的应用 ……… 108
　5.1　上市公司知识发现的研究现状 ………………………………… 109
　5.2　数据来源与处理 …………………………………………………… 111
　5.3　基于邻近矩阵的潜在主题可视化 ……………………………… 123
　5.4　基于质心邻近矩阵的潜在主题可视化 ………………………… 157
　5.5　基于属性叠加邻近矩阵的潜在主题可视化 …………………… 159
　5.6　结果评价 …………………………………………………………… 166
　5.7　小结与讨论 ………………………………………………………… 168

第 6 章　总结与展望 …………………………………………………… 174
　6.1　本书的主要工作 …………………………………………………… 174
　6.2　研究的不足和局限性 ……………………………………………… 179
　6.3　下一步的工作 ……………………………………………………… 180

附录 …………………………………………………………………………… 181

参考文献 …………………………………………………………………… 183

第1章 绪　　论

本章从文本挖掘和知识发现面临的现实问题入手，提出使用可视化方法挖掘文本集潜在主题的思路。

内容安排如下：

1.1 节阐述了使用可视化方法挖掘、发现、展示并解释文本主题的优势和意义。

1.2 节从基于文本单元聚类的主题发现、基于共词分析的主题发现、基于数据库内容结构分析的主题发现、基于概率主题模型的潜在主题发现四个方面介绍了国内外研究现状，并与本书的研究思路进行了深入的对比和评述。

1.3 节明确了研究目的与研究问题。

1.4 节指出了研究方法与技术路线。

1.5 节报告了本书的特色与创新点。

▶ 1.1　研究背景与意义

文本是重要的数据资源，是最天然的信息存储形式，包含着丰富的知识和模式。弗雷斯特咨询公司（Forrest Research）的统计资料指出，80%以上的数据以非结构化的文本形式存在，比如各种文

第 1 章　绪　论

档、手册、网页、科技论文、研究报告、E-mail 等①。

以上市公司的信息资源为例。上市公司有信息披露的义务，需要发布大量生产与经营方面的文本信息，比如招股说明书、招股意向书、年报、重大事件公告等。这些都是针对上市公司展开研究的重要文字材料，而人们面对这些大规模文本信息时往往感到无所适从，要快速从中抽取出人们密切关心的、切实需要的信息和知识更是难上加难。普通人的阅读速度是 200~240 字/分钟②，而招股说明书的篇幅一般在 20 万字以上，读完一篇 20 万字招股说明书需要花费 667 分钟。即使用户只需要获取其关心的一部分信息，也将耗费大量的精力。比如，用户希望获得计算机应用服务业上市公司风险方面的信息，则需要阅读招股说明书中 496343 个字的文字内容，全部读完需要 2068 分钟（34.5 小时），且阅读一遍并不意味着能完全获取所需的重要信息。

可见，依靠传统人工阅读的方法获取信息，不仅费时费力，且得出的结论掺杂了过多的主观因素，结论的准确性及质量高低更多地取决于"阅读者"的受教育水平、知识结构、工作经验等外部因素，不能完全客观地还原文本的真实信息，更难以发现隐藏在文本集内部的各种关联和模式。

如何帮助人们快速获取、处理和利用这些特定领域文本集合中的知识，在充分理解的基础上获得文本集合的内在关系和隐含信息？如何将文本内容提取出来，用相对直观、简短的方式向用户呈现？如何将复杂的高维文本数据转化为人们可以直接观测的可视化图形，进而发挥人们的思维判断能力？

这些都是文本挖掘与知识发现需要面对的现实问题，具有重要的现实意义。信息可视化技术可以很好地解决这些问题。

一幅图胜千句话，人处理图形图像等视觉信息的效率远高于文

---

① 韩客松，王永成. 文本挖掘、数据挖掘和知识管理——二十一世纪的智能信息处理 [J]. 情报学报，2011，18（1）：100-104.

② 东尼·博赞. 快速阅读 [M]. 北京：中信出版社，2009：25.

本，根据 Zeki 的研究①，人类的视觉大脑皮层中的 4 个平行系统会同时工作来处理视觉输入，这种并行处理机制让人对图形图像的感知能力大大超过对线性、抽象文本的感知能力。如果可以把文本集的主要内容呈现在二维或三维的可视空间中，则可以更高效地发挥人的认知能力去理解和探索复杂的文本对象。

使用可视化技术展示文本集的内容，可视空间中的对象可以是文本、段落、词条，也可以是概念、主题。相比而言，主题可以代表文本或文本集的中心思想，更能精练地反映文本集的主要内容，对文本集有更强的概括能力。

文本集必定包含着若干个主题，也可以说包含了若干类"含义"。文本、词条及词条的频率是可以观测的，而文本集包含多少主题、包含哪些主题、哪些词条属于同一个主题等信息则不可直接获取（Unobserved），文本集中混合的主题（一类相关的词所表示的含义、语义）是隐藏的、不能观测的，因此称为"潜在主题"。

潜在主题可以表示文本集的主要内容，如果能使用可视化方法提取文本集包含的潜在主题，将潜在主题表示在可视空间中，把大量的文本内容转化成可视的图形图像，人们就可以直观、快速地获取文本集的中心内容，并能够发现隐藏的知识结构和模式、发现潜在的规律特征，实现深层次的文本挖掘和知识发现。

总的来说，使用可视化方法挖掘、发现、呈现并解释文本集中的潜在主题具有以下意义：

（1）丰富了文本挖掘与知识发现的方法体系，允许用户以图的方式浏览文本集的概貌和细节

可视化是计算的一种方法，它将数据信息转换成几何形态，通过对研究对象相互关系的空间展示，使传统的线性文本结构转变为可视化的立体结构，丰富了科学发现的过程并提高了人们洞察复杂

---

① Zeki S. *A Vision of the Brain* [M]. London：Blackwell Scientific Publications，1993.

第1章 绪　　论

和潜在知识的能力，是一种为研究人员提供潜在信息的方法①。

本书使用 MDS 对相关单词的空间聚类功能提取并表示潜在主题，通过多层次的方法设计和策略选择，使研究者可以根据兴趣和研究需要在不同观测水平上发现潜在主题及其之间的联系，可以在不同层次上发现潜在主题，并解释潜在主题之间的关系。不仅可以提高读者的阅读效率，使用反映主题的最核心的词条表述原文的意思，还去除了冗余的、非关键的信息，提供简洁、清晰、直观的文本主题视图。本书可以实现三个层次的知识发现：一是将文本集包含的高频词条分成若干个具有内在紧密联系的小类，发现新的细分主题；二是为类与类之间的关系判断提供线索；三是可以发现每一个主题下包含的主要内容，进而揭示文本集的真实含义。

将文本集包含的潜在主题表示在可视空间中，把大量的文本内容转化成可视的图形图像，通过空间展示把传统的线性文本结构转变为可视化的立体结构，将更加符合人们获取信息的视觉偏好，大大提高知识获取的效率，而且能挖掘出一些依靠传统阅读难以获取的系统性知识和隐性知识。

（2）将文本单元集聚发现主题的粒度细化到了词条的层面，可以实现面向知识单元的主题展示

通过文本聚类发现主题只能将一个文本与一个主题建立联系②，将文本单元发现主题的粒度细化到文本片段、自然段、自然句的层面，可以发现文本中的多个细分主题。若要更深入地揭示主题的语义内容，有必要将主题发现的表示对象细化到词语的层面，因为词是文本中最小的语义单元。而且，使用词条的聚类发现主题，不仅可以覆盖文本内更多的主题信息，还可以用词条来表示主题和解释主题。本书将文本单元集聚发现主题的粒度细化到了词条的层面，可以实现面向全文、面向内容、面向知识单元的潜在主题

---

① Angelika Zartl, Edgar Schiebel. The Combination of Content Maps by Co-Word Analysis [J]. *Proceedings of SPIE*, 2002, 359 (3): 359-367.

② Blei D. M., Ng A. Y., Jordan M. I.. Latent Dirichlet Allocation [J]. *The Journal of Machine Learning Research*, 2003, 3 (3): 993-1022.

1.1 研究背景与意义

挖掘、呈现和解释。

（3）从原理上克服了共词分析和数据库内容结构分析应用于知识发现的障碍

共词分析和数据库内容结构分析（DT）都是在统计词对共现次数的基础上，对相关词条进行聚类。而词条之间的集聚关系则是共现现象产生的根源，本书正是使用集聚关系来描述这种词与词相互联系的现象，把词条的集聚关系提取并呈现在可视空间中，使在意义上关联的词条在可视空间中集聚成潜在主题。

共词分析和数据库内容结构分析（DT）构建共现矩阵是基于布尔模型，如果两个词条共现一次，则计数一次；而本书则是基于向量空间模型，通过将词条表示在转置的向量空间中，使用词条在高维空间中的邻近关系表示集聚现象。

数据库内容结构分析（DT）将共词分析应用到全文，但需要事先选定种子词。由于潜在主题的特性，人们不一定能事先观察到文本集中隐含的主题，所以，事先选定种子词的做法限制了对新主题及隐含主题的发现。本书克服了对统计共现次数和事先选取种子词的依赖，因此可以发现更多隐藏的主题和知识模式，实现"提供'认识论层次的价值'，发现现有知识中'出人意料'的联系或问题，最终可能会产生新的知识"①。

（4）弥补了主题模型在潜在主题展示方面存在的不足，可以直观地揭示潜在主题之间的关联

以 pLSA、LDA 及其扩展模型为代表的主题模型在潜在主题的展示方面显得略为不足，大多只是以列表的形式给出了潜在主题包含的词条，用户很难理解单个词条在上下文中的含义②。这种呈现方式只能得到潜在主题的词条构成，观察不到主题之间、词条之间的关联，而且所有的潜在主题都是平行关系，不能挖掘出主题之间

---

① 朱幼平. 论信息化对经济增长的影响 [J]. 情报理论与实践，1996 (5)：35-46.

② Blei D. M., Lafferty J. D.. Visualizing Topics with Multi-Word Expressions [J]. arXiv：0907. 1013v1 [stat. ML]，2009.

第 1 章 绪　　论

上下位的层次关系。不同于 LDA 等主题模型使用参数估计、三层贝叶斯网络来提取潜在主题的方法，本书使用另一种思路，即直接使用可视化的方法提取潜在主题。

（5）融入了扎根理论的潜在主题可视化可以发现词汇关联中有意义的知识模式①，为进一步研究提供研究线索和启发。

本书首次将共词聚类分析和信息可视化技术引入上市公司行业分析，通过旋转、调整观测角度等人机互动方式，揭示研究对象的空间邻近关系，发挥人的智力判断，并发现知识内容上的关联，形成一系列假设，以便专业研究人员进一步证实，推进新知识的产生，为科研工作人员提供新的思路和启发。

1.2　国内外研究现状

本书通过关联词条的空间聚类来发现并表示主题的思路来自"文本单元聚类形成主题"的启发，并将用于聚类的文本单元的粒度细化到词的层面，不仅可以用于发现主题，还可以用于表示和解释主题；本书使用多维尺度分析（MDS）对文本集中的关联词条进行空间聚类，而关键词共词分析也经常使用 MDS 对有共现关系的关键词进行空间聚类和可视化，DT 方法将共词分析应用至全文，与本书的方法比较相似，但也有本质区别；概率主题模型的方法也是用一组关联词条表示文本中的潜在主题，对本书的整体构思起到了重大的启发作用，但本书是直接使用可视化的方法提取词条的集合来表示主题。

下面对这几个与本书有密切关联的领域、对本书的创作有重大启发的文献进行综述。

---

①　王曰芬，宋爽，熊铭辉．基于共现分析的文本知识挖掘方法研究［J］．图书情报工作，2007，51（4）：66-70.

1.2.1 基于文本单元聚类的主题发现

通过文本聚类发现主题是使用词袋法把文本表示在向量空间中，通过计算文本在向量空间中的相似度对文本进行归类，并为每一类文本概括一个主题，进而对文本内容进行归类或重新组织，帮助人们分析和理解高维数据，发现潜在的知识①②。与本书相关的研究有：计算奇异值分解之后的文本向量之间的相似度，在一定程度上实现了基于语义的文本聚类和主题发现③；基于主题地图的方法进行文本聚类④；使用非线性映射的可视化技术（MDS）实现文本聚类⑤，等等。

为了发现文本中的多个子主题，很多学者使用文本片段聚类进行主题发现、主题抽取，比如 Salton 等⑥、Yaari Y.⑦及孔庆苹等⑧，以自然段落作为基本单元，将自然段落表示为词向量，并用词汇相似度和层次聚合性聚类识别文档的层次结构，一定程度上实

---

① 史忠植. 知识发现（第二版）[M]. 北京：清华大学出版社，2011.
② Pons-Porrata A., Berlanga-Llavori R., Ruiz-Shulcloper J.. Topic Discovery Based on Text Mining Techniques [J]. *Information Processing & Management*, 2007, 43 (3): 752-768.
③ 王国勇，徐建锁. TCBLSA：一种中文文本聚类新方法 [J]. 计算机工程，2004, 30 (5): 21-22.
④ 吴江宁，田海燕. 基于主题地图的文献组织方法研究 [J]. 情报学报，2007, 26 (3): 323-331.
⑤ 杨峰，周宁，吴佳鑫. 基于信息可视化技术的文本聚类方法研究 [J]. 情报学报，2006, 24 (6): 679-683.
⑥ Salton, Gerard, Amit Singhal, Chris Buckley, and Mandar Mitra. *Automatic Text Decomposition Using Text Segments and Text Themes* [C]. In Proceedings of the Seventh ACM Conference on Hypertext, ACM, 1996: 53-65.
⑦ Yaari Y. *Segmentation of Expository Texts by Hierarchical Agglomerative Clustering*. arXiv preprint cmp-lg/9709015, 1997.
⑧ 孔庆苹，刘宗田，廖涛. 基于概念获取的多文档主题划分研究 [J]. 计算机科学，2008, 35 (5): 131-133.

第 1 章 绪 论

现了文本子主题的层次分割；胡珀、何婷婷①在其研究中，认为作者会将表达中心思想的主题反复表述，由于表达方式各异，不同主题往往散落在文本的不同段落中，进而通过文本段落的自适应聚类发现文本的潜在主题。

由于该方法以词条作为向量空间的维度来表示段落群、段落、句子，所以其表示文本主题的粒度最小只能细化到句子的层面，而不能细化到语义单元（词条）层面。也就是说，文本单元聚类只能发现主题，却不能很好地在词条层面表示主题、解释主题。

有学者以词为聚类单元进行了主题提取。他们认为一个词的含义与其上下文中共现的词密切相关，也即语言环境有关，如果两个词的共现词或语言环境非常相似，可以认为这两个词彼此相似②③。袁里驰④在研究中使用互信息来衡量词的语言环境是否相似，定义词的相似度，进而根据相似度进行词的聚类分析，Ayad等⑤将这种方法称为基于语境相似性计算的词聚类。在此基础上，陈炯等⑥提出了一种基于词聚类的汉语文本主题抽取方法，其操作方法是在文本集中选取若干种子词，并提取与种子词具有强共现关

---

① 胡珀，何婷婷. 基于自适应聚类的文本潜在主题的自动发现 [J]. 郑州大学学报：理学版，2007，39（2）：92-95.

② Finch S.P., Cbater N.. Bootstrapping Syntactic Categories [C]. Proceedings of the 14th Annual Conference of the Cognitive Science Society of America Bloomington, IN, 1992: 820-825.

③ Dagan Ido, Shaul Marcus, Shaul Markovitch. Contextual Word Similarity and Estimation from Sparse Data [J]. *In Proceedings of the* 31*st Annual Meeting on Association for Computational Linguistics*, Association for Computational Linguistics, 1993: 164-171.

④ 袁里驰. 一种基于互信息的词聚类算法 [J]. 系统工程，2008，26（5）：120-122.

⑤ Ayad H., Kamel M.. *Topic Discovery from Text Using Aggregation of Different Clustering Methods* [C]. In Advances in Artificial Intelligence: 15th Conference of the Canadian Society for Computational Studies of Intelligence, Canada: Springer, 2002: 161.

⑥ 陈炯，张永奎. 一种基于词聚类的中文文本主题抽取方法 [J]. 计算机应用，2005，25（4）：754-756.

系的词条,用这组关联词条来表示主题,这与本书通过提取词的集聚特性使得词条在可视空间中集聚成主题的方法有相似之处。除此之外,与本研究相关的词聚类方法还包括基于高频词的聚类和基于词类的聚类①、基于 LSA 的词汇聚类②等,这些方法都可以抽取出关联词条的集合,但没有提出用这个词条集合表示主题,也没有使用可视化的方法呈现这些词条集合。

值得一提的是,基于段落聚类、句子聚类形成主题的方法可以应用于单个文本,而本书提出的潜在主题可视化只适用于文本集,一是因为用文本向量表示词条,文本向量过少会导致对词条的表示能力不足;二是因为潜在主题可视化基于词汇集聚理论,词汇集聚特性的提取来自对大量文本的统计,有集聚关系的词条集合只有在大量文本中才能够趋于稳定,并呈现出一定的统计规律。

1.2.2 基于共词分析的主题发现

共词分析是由 Callon 和 Courtial 等引入的一种内容分析和科学绘图法③。共词分析的方法论基础是心理学的邻近联系法则和知识结构及映射原则④,Callon 认为它可以直接深入文献内部,描述科学文献内容的变化以及整个学科的发展,描绘特定学科领域的知识结构,还能结合时间序列揭示学科结构的演变历程。

共词分析被用于文本知识发现最早可以追溯到 1986 年,Swanson 和 Smalheiser 利用基于共词的非相关文献知识发现方法发

---

① 王波,王厚峰. 中文单词聚类的比较研究 [C]. 第三届学生计算语言学研讨会论文集,2006.
② 王国勇,徐建锁. TCBLSA:一种中文文本聚类新方法 [J]. 计算机工程,2004,30 (5):21-22.
③ Callon M., Courtial J. P., Turner W. A., etc. From Translations to Problematic Networks: An Introduction to Coword Analysis [J]. *Social Science Information*, 1983, 22: 191-235.
④ 张凌,周春雷,寇广增. 基于共词分析的国内知识服务研究 [J]. 图书情报工作,2009,53 (24):64-68.

第1章 绪　论

现了隐藏于医学文献中的有价值的知识①。有学者②认为，利用共词分析提供的"认识论层次的价值"，发现现有知识中"出人意料"的联系或问题，最终可能会产生新的研究方法或知识。随着文本知识挖掘研究的深化，许多学者先后提出将共词分析作为文本知识挖掘的方法并进行了相关的研究③④。

共词分析的原理是：当两个能够表达某一学科领域研究主题或研究方向的专业术语在同一篇文献中出现时，表明这两个词之间具有一定的内在关系，并且出现的次数越多，表明它们的距离越近、关系越密切，进而通过这些词之间的亲疏关系，分析学科和主题的结构变化⑤⑥。

国内学者对共词分析应用于文本知识挖掘中的方法论基础、作用、应用流程做了一些理论描述。王曰芬等⑦⑧将共词分析在文本知识挖掘中的作用总结为三点：支持文本知识挖掘的一般语义处理过程、发现词汇关联中有意义的知识模式、文本知识挖掘的有效手段。提出了共现分析挖掘文本知识的三种实现思路：基于空间分布

---

① Swanson D. R.. Fish Oil, Raynaud's Syndrome, and Undiscovered Public Knowledge [J]. *Perspectives in Biology and Medicine*, 1986, 30 (1): 7-18.

② Morris T. A.. *Structural Relationships within Medical Informatics: A Classification/Indexing Co-occurrence Analysis* [D]. Philadelphia: Drexel University, 2001.

③ Cohen A. M., Hersh W. R., Dubay C. etc. Using Co-occurrence Network Structure to Extract Synonymous Gene and Protein Names from MEDLINE Abstracts. [2012-10-16]. http://www.biomedcentral.com/1471-2105/6/103.

④ He Q.. Knowledge Discovery Through Co-Word Analysis [J]. *Library Trends*, 1999, 48 (1): 133-159.

⑤ 崔雷，郑华川. 关于从 MEDLINE 数据库中进行知识抽取和挖掘的研究进展 [J]. 情报学报，2003 (4): 425-433.

⑥ 朱安青，周金元. 我国科技查新研究热点及趋势分析——共词分析视角 [J]. 图书情报研究，2009, 2 (4): 45-49.

⑦ 王曰芬，宋爽，熊铭辉. 基于共现分析的文本知识挖掘方法研究 [J]. 图书情报工作，2007, 51 (4): 66-70.

⑧ 王曰芬，宋爽，卢宁等. 共现分析在文本知识挖掘中的应用研究 [J]. 中国图书馆学报，2007, 33 (2): 59-64.

的文本知识挖掘。基于时间分布的文本知识挖掘、基于内外关联的文本知识挖掘。总结了共现分析挖掘文本知识的一般应用流程。并指出了共现分析在知识服务中可能实现的四种应用：构建概念空间和Ontology并实现语义检索、改进知识组织中文本分类的效果、分析文献中知识内容关联、发掘知识的价值。

在主题发现方面，通常使用关键词共词分析，统计科技文献集合中关键词对其在同一篇文献中共同出现的次数，构造共现矩阵；使用包容指数（Inclusion Index）、相似指数（Proximity Index）或等价指数（Equivalence Index）等方法计算关键词之间的关联度，并生成相关性矩阵；再综合使用多元统计方法，将共词分析的结果可视化呈现在MDS空间图、自组织图谱SOM和战略坐标图中，为共现的关键词或主题词划分类团，从关键词的集合中总结、提炼、抽象出主题，用以揭示相关文献所代表学科领域的主题结构、热点主题及其发展趋势[1][2][3][4][5]。

张学福[6]把文本中能描述内容的词看成概念，通过这些词的共现构建概念空间，其概念空间的含义与本书中的潜在主题的含义非常相似，都是由一组关联词条构成，但是该研究需要实现选择种子词，再统计其他词与种子词的共现次数。

---

[1] 张勤，马费成. 国外知识管理研究范式——以共词分析为方法［J］. 管理科学学报，2007，10（2006），65-75.

[2] Ding Y., Gobinda G.C., Schubert F.. Bibliometric Cartography of Information Retrieval Research by Using Co-word Analysis ［J］. *Information Processing and Management*，2001，37（6）：817-842.

[3] 王小华，徐宁，谌志群. 基于共词分析的文本主题词聚类与主题发现［J］. 情报科学 2011，29（11）：1621-1624.

[4] 卢小宾，孟玺，张进. 基于词共现的社会化标签研究热点可视化分析［J］. 情报学报，2012，31（2）：204-212.

[5] 安璐，李纲. 基于自组织映射的期刊主题可视化组织［J］. 情报学报，2011，30（2）：183-191.

[6] 张学福. 基于词共现的可视化概念空间研究［J］. 情报学报，2008，27（2）：205-211.

1.2.3 基于数据库内容结构分析的主题发现

在非科技文献的主题发现方面，有学者使用共词和 MDS 的方法对健康信息门户网站、电子政务平台的网络日志进行了主题发现及可视化，其策略是在所有的检索词中确定若干个种子词并统计检索式中其他词条与种子词共现的次数，再进行主题的空间聚类①②③。以上两类主题发现的操作对象基本上都是关键词、标引词或查询词，作为数据输入的共现矩阵多为布尔模型，如果应用于全文则存在一定的局限性。

这种预先选定种子词，再进行共词分析的做法也被用于数据库内容结构分析（Database Tomography，DT 方法）。DT 方法将共词分析应用到自由文本中，通过统计一定共词分析窗口中核心主题短语及其共现短语共现的次数，揭示文本的内容主题，但其仍然依赖于核心主题词的选取和共现数据的统计④。

张树良等⑤、安新颖等⑥认为，DT 方法的关键在于引入了"邻近度"分析，即同一语义界限内在物理意义上与目标主题接近的主题在上下文和概念上也接近目标主题。这与本书的思路非常相

---

① Zhang J., Wolfram D., Wang P.. Analysis of Query Keywords of Sports-Related Queries Using Visualization and Clustering [J]. *Journal of the American Society for Information Science and Technology*，2009，60（8）：1550-1571.

② Zhang J.. Wolfram D.. Visual Analysis of Obesity-related Query Terms on Health Link [J]. *Online Information Review*，2009，33（1）：43-57.

③ 夏立新，程秀峰，桂思思. 基于电子政务平台查询关键词共现多维可视化聚类分析研究 [J]. 情报学报，2012，31（4）：352-361.

④ Kostoff R., Toothman D., Eberhart H., etc. Text Mining Using Database Tomography and Bibliometrics：A Review [J]. *Technological Forecasting and Social Change*，2001（68）：223-252.

⑤ 张树良，冷伏海. 基于文献的知识发现的应用进展研究 [J]. 情报学报，2007，25（6）：700-712.

⑥ 安新颖，冷伏海. 基于非相关文献的知识发现原理研究 [J]. 情报学报，2006，25（1）：87-93.

似,本书也是通过衡量关联词条之间的邻近关系来实现词条集聚的,在英语中邻近关系被翻译为 Proximity,有人把它同相似性计算中的 Similarity 画上等号,但在本书中邻近关系的计算属于相似性计算的方式之一,不能完全画等号。

王立学等①以一级、二级标题作为 DT 方法中文本窗口单元划分的边界,对激光二极管领域的科技文献全文进行了 DT 分析,以核心短语"激光二极管阵列"为种子词,得到了与其共现的词条集合,这里,种子词即是目标主题,围绕种子词得到的词条集合可以反映这个主题在文本集中的内容。叶春蕾等②使用 DT 方法对美国国家航空航天局的战略规划进行了全文主题识别,并证明改进的 DT 方法可以有效地识别全文文献主题,这也间接证明了本书用一组关联词条来表示潜在主题的可行性。

1.2.4 基于概率主题模型的潜在主题发现

统计主题模型的核心思想来源于潜在语义索引(Latent Semantic Indexing,LSI),其最早由 Dumais、Deerwester 等学者在 1988 年提出,Deerwester、Dumais 等学者在 1990 年发表的 *Indexing by Latent Semantic Analysis* 一文中完善了对潜在语义的理解③。

他们使用统计的方法对大规模的文本集进行线性分解,把高维向量空间模型(VSM)表示的文档映射到低维的潜在语义空间中,利用潜在的语义空间来表示词条和文本,达到消除词之间的相关性和降维的目的,并利用潜在语义空间中词语之间或文档之间的邻近

---

① 王立学,冷伏海. 基于文本结构解析的动态共词方法研究[J]. 图书情报工作,2011(24):37-40.

② 叶春蕾,冷伏海. 科技文献全文主题识别方法实证研究[J]. 现代图书情报技术,2012(1):53-57.

③ Deerwester S., Dumais T., Landauer G., etc. Indexing by Latent Semantic Analysis [J]. *Journal of the American Society of Information Science*,1990,41(6):391-407.

程度来表示它们之间的语义联系①。其基本原理是利用奇异值分解（SVD）将词条-文本矩阵转化为奇异矩阵，通过去除较小的奇异值向量，将文本和词条映射到一个 K 维的潜在语义空间。如果 K=3，潜在语义空间就是一个可视的三维空间，语义维就对应着后期提出的"潜在主题"。

研究者认为，潜在是指不能直接从文本、词条-空间矩阵中观测到这种语义结构，语义特指文本中的词条反映的文本的真实内容或主题。文本集的这种语义结构被隐藏在词汇使用的多样性中、被隐藏在文本里词语的上下文使用模式中。这说明文本中词汇的分布不是绝对随机，而是服从某种语义结构的。

在潜在语义空间中，同义词、表达同一主题的词、与某一主题密切相关的词会集聚在潜在语义空间的某一个坐标轴上，这个坐标轴就是表达文本中某一含义或主题的潜在语义维。这个语义维就对应了下文中提到的潜在主题（隐含主题）。

LSI 基于这样一种断言，即文档库中存在隐含的关于词使用的语义结构，这种语义由于部分地被文档中词的语义和形式上的多样性所掩盖而不明显（如计算机、电脑、微机表达的都是同一个含义）。LSI 通过对文本集的词条-文档矩阵进行奇异值分解（Singular Value Decomposition），提取前 k 个最大奇异值及其对应的奇异矢量构成一个新矩阵来近似表示原文档库的词条-文本矩阵。

LSI 并不是真正的主题模型，Hoffman 在 1999 年对潜在语义索引进行了重大改进，提出了概率潜在语义分析（pLSI），对潜在语义的概念进行了拓展，明确引入了"主题"的概念。它所提出的"主题"在后期的 LDA 主题模型中被认为是一个随机生成过程当中的潜在类别变量。

pLSI 通过概率模型来模拟文档中词的产生过程，将 LSI 扩展到概率统计的框架下。它将文档 d 表示为一个主题混合，文档中每个

---

① 梁鹏鹏. 概率主题模型及其在关联文本分类中的应用研究 [D]. 郑州：郑州大学，2011：21.

1.2 国内外研究现状

词作为主题混合中的一个抽样①。pLSI 通过定义一种概率产生式规则来模拟和逆推人写文章的思考过程（按照一定的主题选择单词并进行安排），通过可观察的文档集推理出产生文档集合的隐含主题集合②。

pLSI 认为：在条件独立的情况下，文本 d 与词 w_n 之间存在不能观测到的（Unobserved）主题 z，如图 1-1 所示，从而建立了"文档-潜在语义-词"之间概率分布关系，并利用这种关系进行检索。在文档和词之间隐含的潜在语义 z 便是本书可视化的对象。

对于给定文档集 $D = \{d_1, d_2, \cdots, d_n\}$ 和词集 $W = \{w_1, w_2, \cdots, w_m\}$，以及文档和词的共现矩阵 $A_{n\times m} = |a_{ij}|$，其中 a_{ij} 代表词 w_i 在文档 d_j 中的权值。使用 $Z = \{z_1, z_2, \cdots, z_k\}$ 表示潜在语义的集合，k 为指定的一个常数。

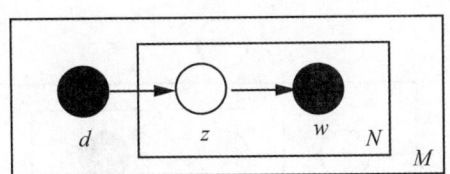

图 1-1 pLSI 的图形化表示③

pLSI 模型关于如何生成文本关于主题的分布未做任何假设，导致 pLSI 存在过度拟合的问题，并且不能有效地处理训练数据以外的文本。为解决 pLSI 存在的缺陷，Blei 等人提出了 LDA 模型。与 pLSI 相比，LDA 模型中关于潜在主题的分布由共轭 Dirichiet 分布先验生成。选择 Dirichiet 分布作为共轭先验，可以简化推导

---

① 曹娟，张勇东，李锦涛等．一种基于密度的自适应最优 LDA 模型选择方法 [J]．计算机学报，2008，31（10）：1780-1787．

② 崔凯．基于 LDA 的主题演化研究与实现 [D]．长沙：国防科学技术大学，2010．

③ Blei D. M., Ng A. Y., Jordan M. I.. Latent Dirichlet Allocation [J]. *The Journal of Machine Learning Research*，2003，3（3）：993-1022．

第1章 绪 论

过程。

按照 Blei 在"潜在狄里克雷分布模型"(Latent Dirichlet Allocation,LDA)中的观点,潜在语义是指文本中的隐含概念(Concept)或潜在主题(Topic)。他认为:文本可表示为潜在主题的随机组合,而每一个主题又是由词条的概率分布特征体现的。使用 LDA 的方法可以提取文档的隐含语义结构,使隐藏于片段内的不同主题与文本表面的字词建立联系。

LDA 假设文档由若干主题混合产生,同时每个主题是在固定词表上的一个多项式分布;这些主题被集合中的所有文档共享,每个文档有一个特定的主题混合比例,如图 1-2 所示。简单来说,每个词都对应着一个潜在主题,一个潜在主题可以包含若干个词,主题被文本集内的文本共享。

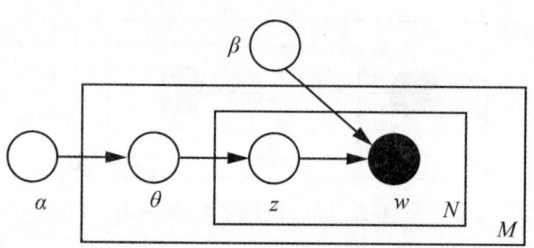

图 1-2 LDA 的图形化表示①

LDA 是一种非监督机器学习技术,可以用来识别大规模文本集或语料库中潜藏的主题信息。它是一个生成性的三层贝叶斯模型,将词语和文本通过潜在的主题相关联。LDA 模型是当前最具有代表性,也是最流行的一种概率主题模型,在文本挖掘、知识发现、话题跟踪以及多文本摘要等领域得到了广泛的良好应用。在 LDA 的基础上,学者们根据不同的应用需求,开发出如基于无向图模型理论的 Harmonium 模型、支持多模态特征的 Dual-Wing

---

① Blei D. M., Ng A. Y., Jordan M. I.. Latent Dirichlet Allocation [J]. *The Journal of Machine Learning Research*,2003,3(3):993-1022.

1.2 国内外研究现状

Harmonium 模型、GM-LDA 模型等①。

与许多概率模型相似，LDA 模型也基于词袋（Bag of Words）假设，即在模型中不考虑词语的顺序而只考虑它们的出现次数。石晶等学者的研究②中，使用 LDA 进行主题词聚类，对于 T 个主题、D 个文本、W 个唯一性词汇，不仅依靠文本的内部信息确定主题词，更是利用丰富的背景库知识聚类词汇，选择香农信息较大的一个词汇形成主题词串，代表该片段的主题。以词典中的每一个词汇作为种子词，进行词汇聚类，以词汇聚类的方式使主题词产生联想，将主题词扩充到待分析文本之外，尝试挖掘隐藏于字词表面之后的文本内涵。石晶、范猛等（2009 年）的研究《基于 LDA 模型的主题分析》，就在文本分割的基础上确定片段主题，进而总结全文的中心主题，使文本的主题脉络呈现出来，并将主题以词串的形式表示。

本书中对父类潜在主题、子类潜在主题的定义受到 Li W. 等学者（2006）③ 的启发，该文献对主题的含义进行了扩展，不仅可以是基于词空间的多项式分布，而且可以是基于其他主题的多项式分布，称为超主题（Super Topic）。该文献提出了一个 PAM 模型（Pachinko Allocation Model），用一个有向无环图 DAG（Directed Acyclic Graph）表示语义结构，在 PAM 对应的 DAG 中，每个叶子节点为词表中的一个词，每个中间节点为一个主题，每个主题是基于它的叶子节点的一个多项式分布。所以，PAM 不仅可以描述词之间的相关性，而且可以灵活地描述主题之间的相关性④。本书

---

① 曹娟，张勇东，李锦涛等．一种基于密度的自适应最优 LDA 模型选择方法［J］．计算机学报，2008，31（10）：1780-1787．

② 石晶，李万龙．基于 LDA 模型的主题词抽取方法［J］．计算机工程，2010，36（19）：81-83．

③ Li W., McCallum A.. *Pachinko Allocation: DAG-structured Mixture Models of Topic Correlations* [C]. In Proceedings of the 23rd International Conference on Machine Learning, ACM, 2006: 577-584.

④ 曹娟，张勇东，李锦涛等．一种基于密度的自适应最优 LDA 模型选择方法［J］．计算机学报，2008，31（10）：1780-1787．

第1章 绪　　论

中,在基于邻近矩阵的 MDS 空间图中可以观察子类潜在主题之间的关系,在基于质心邻近矩阵的 MDS 空间图中可以观察父类潜在主题之间的关系。

1.2.5　小结与评述

(1) 对文本单元聚类形成主题的评述

通过文本聚类对文本进行主题划分的缺点是一个文本只能与一个主题建立联系,因此,很多学者使用向量空间来表示文本片段、段落、句子,通过这些更细粒度的文本单元聚类发现文本中的多个主题。通过这种方法,文本单元的粒度最小只能细化到句子的层面,不能使用词条聚类来发现、表示和解释主题。

文本聚类发现主题的缺点在于一个文本只能和一个主题建立联系①,一个文本只能属于一个主题簇,因此,基于文本聚类的主题发现不能覆盖文本集的全部主题,不能深入文本内部反映深层次的主题内容。

在词聚类方面,使用互信息来衡量词的语言环境是否相似,再根据词的相似度进行词聚类,其得到的词条集合之间是相似关系。程显毅等(2010)② 对词语相关度和相似度进行了区分:"词语相关性反映了两个词相互关联的程度,相似度是两个词语在不同的上下文中可以互相替换使用而不改变文本的句法语义结构的程度。"

本书使用转置向量空间中的邻近关系衡量关联词条的集聚特性,并将这种邻近关系投影到人们可视的三维空间中,用三维空间中划分出来的词条组合表示潜在主题。与文本片段聚类相比,本书的方法不仅可以发现文本集中包含哪些子主题,还可以用可视空间中的词条集合来表示主题、揭示主题的内容信息;与基于互信息的词聚类相比,从属于某个潜在主题的词条之间是相关关系,包括词

---

① Blei D. M., Ng A. Y., Jordan M. I.. Latent Dirichlet Allocation [J]. *The Journal of Machine Learning Research*, 2003, 3 (3):993-1022.

② 程显毅,朱倩. 文本挖掘原理 [M]. 北京:科学出版社,2010:20.

1.2 国内外研究现状

聚类得到的相似关系，但比相似关系的范围要广很多；与基于高频词的聚类和词类的聚类相比，本书直接使用可视化方法得到关联词条集合及其代表的主题，还可以在可视空间中观测潜在主题之间、词条之间的关联。

（2）对共词分析的评述

目前共词分析的应用还局限在以关键词、主题词、摘要词作为分析单元的层面，局限在基于科学文献，对学科领域的主题结构学科范式、学科发展的热点主题、学科领域的发展趋势等方面进行研究，并没有深入应用到非科技文献的、面向文本内容的文本挖掘和知识发现。

同时，由于关键词数量少及作者选择关键词的不规范和不科学等因素的影响，使得关键词并不一定能完全反映文章的主题，仅通过关键词也不足以表示一篇文献的全部特征；同时，应用聚类方法进行共词分析和文本聚类的前提假设是每个关键词的权重相同，而实际情况并不如此；更重要的一点是，实际工作中的大部分文本数据并没有关键词或者摘要，比如政策文件、商业计划书、招股说明书等，却往往蕴含着大量有用的信息、可以挖掘出更多面向实际工作和现实问题的潜在知识。目前共词分析的操作流程极大地限制了该方法在其他领域的应用。若能将关键词共词分析在这些文本中成功应用，将进一步深化共词聚类分析的内涵和适用领域，是情报学研究方法推广应用的一次有益尝试。

下面将关键词共词分析在实际使用中存在的问题、本书的潜在主题可视化与之相比的优势以及两者的关系进行评述。

从 MDS 发挥的作用上看，两者比较相似。共词分析中使用 MDS 对相关性矩阵、相似性矩阵或相异性矩阵进行可视化呈现，本书中只是对转置向量空间中词条的邻近关系即距离进行降维和投影，距离是相似性计算的方法之一。

从原始数据上看，共词分析依赖于关键词共现次数的统计，应用于全文存在较大障碍。共词矩阵的统计是基于布尔模型，需要统计出关键词对之间共现的次数并建立共现矩阵，两个关键词共现则记 1，没共现则记 0。这种方法只能统计单词两两共现的情况，但一组相关词汇的共现关系并不是简单的线性关系，即使两个词从未在同一篇文章中出现，也可以在可视空间中呈现邻近关系，是因为两个词在语义或语用上具有相互依赖、相互影响、相互关联等特性，也就是词汇集聚的原理。本书提出的潜在主题可视化把词条的关系放在转置的向量空间中进行考量，通过计算词条在向量空间中的距离判断词条之间的亲疏关系，并将这种亲疏关系投影到可视空间中，突破了传统共词分析的两两共现，可以用来衡量关联词条的群体共现的关系。

从类团的划分和解释上看，共词分析 MDS 空间图中的关键词是孤立的，缺少上下文，没有层次关系，共词分析的类团划分存在困难，类团的可解释性、可理解性较差，对结果的理解存在一定难度[1]，这也是 MDS 本身的缺点。第一，关键词共词分析得到的 MDS 空间图中的类团也代表主题，是学科热点主题，加入时间的因素，可以反映主题的变化。第二，不像自由文本中的词与词之间具有紧密的语义联系，关键词之间是平行关系，因此，共词分析的 MDS 空间图中关键词与词之间的距离只能说明共现关系的强弱，而本书潜在主题可视化得到的 MDS 空间图中词条之间的距离不仅能说明词与词之间的亲疏关系，还意味着这些词在文本集中存在着丰富的语义联系。第三，关键词是孤立的，缺少上下文，对 MDS 空间图中构成主题的关键词的解释只能依靠经验和研究者自身的背景知识。而本书的潜在主题要在一个完整的情景模式和上下文里进行考量，共同构成潜在主题的一组词条之间具有紧密的联系，可以互为上下文，为潜在主题的解释提供了保障。第四，在很多研究中，MDS 空间图中的类团相互交叉、重叠，形状随意，这是因为没有引入潜在主题的概念，关键词也不能集聚成含义明确、内在语义联系紧密的潜在主题，在如此混乱的结果划分中，只能观察词与词的空间距离和关系，却无法判断主题之间的亲疏关系，本书使用基于质心矩阵的可视化方法，可以忽略词条细节的干扰，让用户得

---

① 陈建斌. 高维聚类知识发现关键技术研究及应用 [M]. 北京：电子工业出版社，2009：42.

到所有潜在主题的整体视图，还通过扎根性分析，使有深层次需求的用户可以最大程度地解释潜在主题。

从主题的内涵上看，共词分析得到的主题是学科发展主题，形成主题的关键词之间联系比较松散。相比之下，共词分析得到的是学科主题，用英语来表示是 Subject，而潜在主题是指文本中隐含的若干细分主题，英语是 Topic 或者 Theme。潜在主题可视化得到的文本集合中的细分主题，是对文本内容的深层次揭示，是从文本内容中挖掘出来的细分主题，而不仅仅是共词分析中的学科主题等"大主题"。

从应用范围上看，共词分析的对象是少数的"文章特征词"，比如关键词、标引词或查询词。潜在主题可视化的对象是全文中的"高频自由词"，可以处理没有标题、没有关键词甚至是没有段落结构的文本，可以面向更广阔的领域开展针对全文的知识发现工作。

(3) 对数据库内容结构分析的评述

尽管数据库内容结构分析（DT 方法）的核心仍然是共词分析，但它引入了两种新的方法，一是短语邻近度分析，二是人工参与，这两种做法都对本书的思路有重要启发。基于短语的共词分析可以提供更多的语义信息，让用户清楚地了解词的指称，词在上下文中的具体含义，本书也试图还原原始文本集中的短语为用户提供更多的上下文。DT 方法在数据库的选择、基于词频的主题分类深度的控制、子类词容规模的界定、Numerical Indices 阈值的确定以及主题关系的最终确定都引入专家分析机制，强调专家的全程介入。这为本书引入扎根理论提供了良好的示范作用和理论基础。

另外，DT 方法提到了紧密共现的概念①，将共现限定在一定的共现分析窗口中进行，也为本书在处理规范格式文本时"先对文本章节编码，再进行分词"的思路有重要启发。

与 DT 方法相比，潜在主题可视化方法有两个大的优势：

---

① Kostoff R. N., DeMarco R. A.. *Science and Technology Text Mining: Analytical Chemistry*. Office of Naval Research Arlington VA, 2001.

第一,本书提出的潜在主题可视化则不需要事先确定核心词(种子词)。应用DT方法时,主题是人工事先选取和确定的,选取出来的词条都是围绕这种子词的,不能反映原始文本集的全部细分主题,限制了主题挖掘的深度,容易忽视潜在的、有意义的关系和模式。同时,还需要大量的人工参与,对原始文献进行阅读并选取种子词。而潜在主题可视化则可以在对文本集没有任何先验知识的情况下,提取文本集中的潜在主题。这些主题是观察不到的,也不需要人工去判断需要提取哪些主题,发现感兴趣的目标主题以后可以进一步地放大目标主题,对目标主题进行深入分析,这是本书的方法相比于DT方法的第一个优势。

第二,DT方法仍然依赖于单词共现次数的统计。通过计算词在转置向量空间中的邻近关系进行词条空间聚类,脱离了对词条共现关系的依赖,即使两个词没有共现关系,也可以实现聚类,因为它们从属于同一个潜在主题。

(4) 对概率主题模型的评述

主题模型的目的主要是提取数据集中隐含的统计规律且利用主题进行直观表达,使用相对低维的主题空间来表示文本集,利用获得的主题进行信息检索、分类、聚类、摘要提取以及进行信息间相似性、相关性判断等一系列应用①。

但是,潜在主题的可视化并没有得到足够的关注。LDA的提出者Blei②在2009年指出,潜在主题可视化研究还局限于给出潜在主题所包含的词条列表,而不能解释潜在主题为什么包含这些词条,读者只能看到某个潜在主题包含哪些单词,并不清楚这些单词具体指的是什么,读者也很难从中获得潜在主题的语义内容。比如LDA提取出一组以"Movie"为主题的单词集合,其中包括"Jones"和"City"这两个词,但读者并不知道这两个词在上下文

---

① 张小平. 主题模型及其在中医临床诊疗中的应用研究 [D]. 北京:北京交通大学, 2011.

② Blei D. M., Lafferty J. D.. *Visualizing Topics with Multi-word Expressions*. 2009. arXiv: 0907.1013 [stat.ML].

中的含义，不知道这两个词为什么出现在"Movie"的主题中。他基于 n-gram 语言模型和排列检验的方法，来寻找重要的多词短语，并将潜在主题包含的多词短语呈现给读者，更好地解释了主题的内容构成和词条从属于某个潜在主题的原因。经过处理，短语"Indiana jones"和"sex in the city"出现在"Movie"的主题中，提供了清晰的语义信息。

但是，尽管 Blei 通过多词短语来代替单词的展示，增强潜在主题的语义信息，但其仍然只是以表格/列表的形式给出了潜在主题包含的词组，没能有效呈现潜在主题之间的层次关系和亲疏关系，没有反映出主题之间的关联和不同主题包含的词条之间的关联，不能根据兴趣点调整观测角度，不能选择主题的深度和观测水平，对词在具体上下文中确切含义的解释还不够。本书以 MDS 空间图的方式展示潜在主题，则可以克服这些问题。

以下对概率主题模型与本书潜在主题可视化的关系进行讨论：

从"潜在"的含义上看，主题模型中"潜在主题"对应的英文单词是 Latent Topic，本书则使用 Underlying 作为"潜在"的英文翻译。在概率主题模型中，"潜在狄利克雷分配"中的潜在得名于其使用了潜在变量来表示主题，为此，有后续研究就把主题模型发现的主题称为"Latent Topic"，Latent 一词起源于数学领域，具有很强的数学意义。为了避免误会，本书标题的英文翻译没有使用 Latent Topic，而是使用 Underlying Topic，其意思更接近于 Hidden Topic。

但从本质上看，主题模型和本书的潜在主题可视化抽取出来的以词条集合表示的主题是一致的，都是文本集中不可观测的主题。文本集中语义相关的单词之间的关系是潜在的（Latent）[1]，而潜在主题可视化可以将语义相关的单词在 MDS 空间图中进行聚类，进而表示主题。

---

[1] Latent Semantic Indexing [EB/OL]. [2013/2/23]. http://en.wikipedia.org/wiki/Latent_semantic_indexing.

第 1 章 绪　　论

　　Steyvers M. 等学者（2004）① 认为文本聚类可以将一个文本类团（Cluster of Documents）与潜在主题建立联系，并使用了 Latent 一词，也就是认为文本聚类形成的主题是潜在主题，原文如下：

"A somewhat different approach is to cluster the documents into groups containing similar semantic content, using any of a variety of well-known document clustering. Each cluster of documents can then be associated with a **latent** topic (e.g., as represented by the mean term vector for documents in the cluster). While clustering can provide useful broad information about topics, clusters are inherently limited by the fact that each document is (typically) only associated with one cluster. This is often at odds with the multi-topic nature of text documents in many contexts."

　　Deerwester 等学者② 在第一次提出潜在语义分析（LSA）时，也认为词聚类和文本聚类可以揭示潜在的邻近结构，并使用了 Latent 一词，原文如下：

"Aiding information retrieval by discovering **latent** proximity structure has at least two lines of precedence in the literature. Hierarchical classification analyses are frequently used for term and document clustering. Latent class analysis and factor analysis have been explored before for automatic document indexing and retrieval."

　　从技术路线上看，LDA 主题模型使用三层贝叶斯网络，本书则是直接使用可视化的方法提取主题关联的词条集合，并用这个集合来表示主题。

　　从应用范围上看，主题模型的应用范围更广，而潜在主题可视

---

① Steyvers. M., Smyth. P., Rosen-Zvi. M., etc. *Probabilistic Author-topic Models for Information Discovery*. In Proceedings of the Tenth ACM SIGKDD International Conference on Knowledge Discovery and Data Mining, ACM, 2004: 306-315.

② Deerwester. S., Dumais. T., Landauer. G., etc. Indexing by Latent Semantic Analysis [J]. *Journal of the American Society of Information Science*, 1990, 41 (6): 391-407.

化则聚焦于对给定文本集包含的潜在主题进行可视化呈现,并深入挖掘潜在主题之间的关联、解释潜在主题的含义。以 LDA 主题模型为例,它是完全自动的文本生成模型,具有良好的数学基础和灵活的拓展性,被广泛应用于各种文本挖掘和信息处理的任务中。可以灵活处理训练集以外的新加入的文本,而 MDS 只能处理给定的文本集,对于新加入文本,则需要进行全局的重新计算。因此,主题模型适用于话题检测与跟踪(TDT)等文本经常变化的领域,比如网络舆情的跟踪等。而潜在主题可视化是基于语料的、无监督的,是对于预先给定的文本集进行潜在主题可视化,更适合对已经确定文本数量的给定文本集进行文本挖掘和潜在主题的可视化呈现,比如对计算机应用服务业的招股说明书进行分析,比如对某一固定时间段内在线论坛的所有留言和回复进行分析,等等。

总的来说,文本单元聚类的粒度太大,必须深入到词的层面;而基于互信息的词聚类依据的是词之间的相似性,不是相关性,得到的词的集合不够全面;关键词共词分析得到的主题是学科发展的热点主题,而不能面向文本内容挖掘潜在主题;数据内容结构分析法可以挖掘全文中包含的主题,但仍然依赖于选取种子词、统计词共现次数等步骤;概率主题模型具有良好的数学基础,对内容经常变化的文本集有良好的适用性,但其在潜在主题的可视化呈现及潜在主题的解释方面都存在不足。

直接使用可视化方法提取、发现并解释文本集潜在主题、在不同层次挖掘潜在主题关联、引入开放式编码技术克服 MDS 可视空间的局限、借鉴扎根理论的思想解释潜在主题及词条的研究还不多见。

1.3 研究目的与研究问题

本书的研究目的:使用可视化的方法挖掘、呈现并解释文本集包含的潜在主题,将潜在主题在可视空间中展示,允许用户根据研究需要和兴趣在不同层次上观察潜在主题之间、词条之间的关联,并用于特定主题领域的文本知识发现。

实现该研究目标，需要解决以下科学问题：

研究问题 1：能否找到文本集中从属于同一个潜在主题的词条集合，并用这个集合表示潜在主题？

研究问题 2：如何使用可视化的方法挖掘并展示隐含在文本集中的潜在主题？

研究问题 3：如何突破可视空间只能展示有限个词条的局限，增加可视空间的信息容量？

研究问题 4：如何揭示潜在主题及其包含词条的真实含义，从深层次理解和解释潜在主题？

研究问题 5：如何展示不同层次的潜在主题，并对同一层次上潜在主题之间的关联进行知识发现？

研究问题 6：如何解释主题之间的关联？

研究问题 7：能否将潜在主题可视化的方法应用于特定领域的文本知识发现？

1.4　研究方法与思路

1.4.1　研究方法

（1）向量空间与邻近性计算的方法

本书为了提取词条在文本集内的集聚特性，将词条表示在转置的向量空间中，使用词条在转置向量空间中的邻近关系来表示词条的集聚特性，并采用基于余弦、基于距离两种方法计算词条的邻近关系。

（2）多维尺度分析法（MDS）

本书使用文本集中有物理集聚关系和语义集聚关系的词条表示潜在主题，并将潜在主题在可视空间中进行展示。为了将关联词条呈现在可视空间中，在尽量保留词条间原有拓扑结构的基础上，使用多维尺度模型将词条在高维向量空间中的邻近关系投影到低维的、可观测的 MDS 空间图中，并使用 MDS 空间聚类的功能将关联

1.4 研究方法与思路

词条集聚形成的类团,达到潜在主题划分和展示的目的。

(3) 开放式编码的方法

为了突破可视空间的局限性,提高可视化表示的效率和准确性,本书使用开放式编码的方法将文本或词条划分到若干个类属中,每个类属代表着一个父类潜在主题,对应着一个词条-文本矩阵,并提出了"先分词、后编码"和"先编码、后分词"两种策略。另外,开放式编码也为上市公司的风险分类提供了一个来源于业界真实文本、"自底向上"的风险分类体系。

(4) 扎根性分析的方法

针对以往 MDS 结果的可解释性、可理解性较差,对结果的表达和理解存在一定难度①等问题,本书借鉴扎根理论的思想,在将潜在主题表示在 MDS 空间图中以后,返回原始文本集为潜在主题及其包含的词条寻找更多的上下文情景,进行扎根性分析。并使用演绎的方法为潜在主题的含义寻找代表性的具体个案或例证,使用户能够最大程度地理解潜在主题的外延。

(5) 比较与综合的方法

在潜在主题可视化方法应用于上市公司风险识别和知识发现时,对各类风险的重要性进行排序,并比较了不同年份上市公司的数量,按照上市时间对计算机服务业上市公司进行分组,并比较了每一组中风险的重要性排序的差异。

(6) 聚类分析的方法

为了评价 MDS 空间聚类的效果,本书使用传统的聚类分析的方法对其进行评价,将两者的结果进行比较。聚类分析同样可以使用邻近矩阵作为输入矩阵。

1.4.2 研究思路与框架

本书基于词汇集聚理论,使用具有物理集聚关系和意义集聚关

---

① 陈建斌. 高维聚类知识发现关键技术研究及应用 [M]. 北京:电子工业出版社,2009:42.

系的词条表示文本集的潜在主题。使用转置的向量空间来表示词条，用词条在转置向量空间中的邻近关系表示它们的集聚特性。使用开放式编码的方法将词条划分到不同的类属中，通过 MDS 模型将词条在高维转置向量空间中的邻近关系投影到三维空间图中，使词条在 MDS 空间图中集聚成主题。

从两个方面借鉴了扎根理论的方法和思想，一是引入开放式编码的技术突破可视化展示空间的局限，二是引入扎根性分析的思想实现潜在主题的深度解释，为有深层次需求的用户提供潜在主题及词条的真实含义及词条从属于某个潜在主题的原因。

将通过邻近矩阵、质心邻近矩阵、属性叠加邻近矩阵等输入矩阵的设计，使用户可以根据兴趣和研究需要在不同的观测水平上发现潜在主题及其之间的联系，在一定程度上解释词条和潜在主题在上下文中的含义。

研究思路与框架如图 1-3 所示。

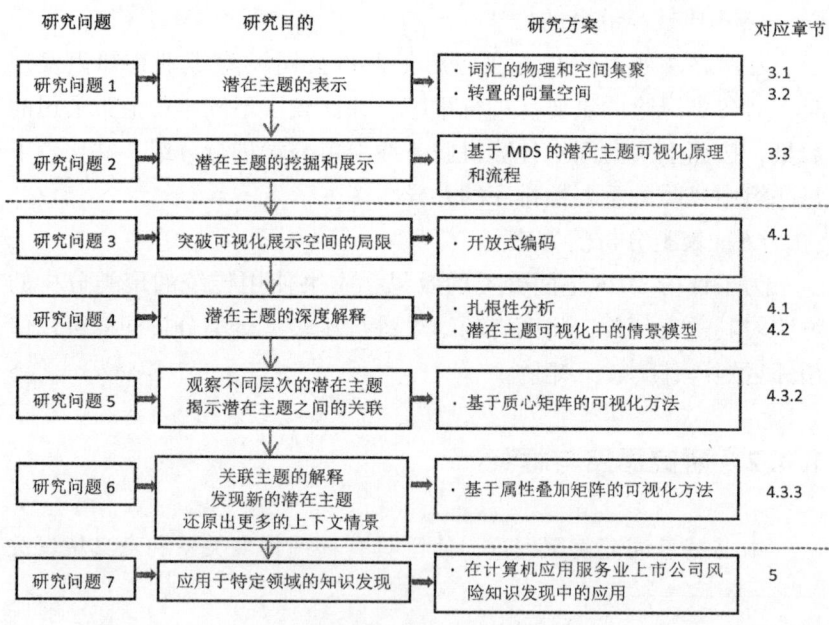

图 1-3　研究思路及框架示意图

1.5 特色与创新点

本书最主要的特色与创新点如下：

①建立了一套完整的用于表示、挖掘、呈现和解释文本集内潜在主题的可视化方法流程与策略体系。

②从两个方面将质性分析中的扎根理论与潜在主题可视化方法进行了融合，一是引入开放式编码技术，二是借鉴扎根性分析的思想对潜在主题进行深度理解和解释。

第 2 章　文本主题发现的理论基础

本章介绍了文本集潜在主题发现及可视化相关的理论基础。

内容安排如下：

2.1 节在对文本挖掘进行概述的基础上，特别介绍了文本在向量空间中的表示，文本特征的选择与提取。

2.2 节介绍了知识发现的基本步骤和方法，并着重分析了基于聚类方法的知识发现，本书基于多维尺度分析对潜在主题进行可视化，从本质上说也是通过词汇在可视空间的聚类实现主题的划分。

▶ 2.1　文本挖掘

2.1.1　文本挖掘概述

文本挖掘是从文本集中发现和挖掘归纳有效、创新、有用和最终可理解的知识，如模式、模型、趋势、规则等的过程。与数据挖掘不同的是，文本挖掘的对象和数据源是文本集合，有用的信息和知识不是来自形式化的数据库记录，而是文本集合中的非结构化文本数据。另外，数据挖掘假设数据已采用了结构化的存储格式，其预处理的关键任务是"清除数据噪声"、"规范数据"和"创建大量的连接表"，而文本挖掘的预处理则以自然语言文本特征的识别、选择和提取为中心,将存储在文本集合中的非结构化离散信息转换成结构化格式,这一点和数据挖掘有显著区别。文本挖掘的对象包括新闻文章、研究论文、书籍、报告、专利说明书、会议文献、技术档案、政府出版物、技术标准、电子邮件消息、Web 页面等①。

简单来说,文本挖掘就是使用一套分析工具和方法处理文本集,并通过识别和挖掘用户感兴趣的模型,从文本集中抽取潜在有用的信息和知识。

文本挖掘是数据挖掘研究面向非结构化和弱结构化文本数据的自然延伸,是数据挖掘概念、算法和目标在文本集上的运用和扩展,是人工智能、机器学习、模式识别、统计学、自然语言处理、数据挖掘、知识管理、中文信息处理,以及相关自动文本处理如信息抽取、信息检索、文本分类等理论和技术相结合的产物,强调从文本数据中归纳发掘创新知识的过程②。

2.1.2 文本的向量空间表示

在文本挖掘中,文本的形式化表示是一个基本而又非常重要的问题。需要将文本从无结构的原始形式转化为计算机能够理解的结构化形式。常见的文本表示模型有向量空间模型、概率模型和语言模型等③。

向量空间是文本特征表示的经典方法,其理论基础是词袋(Bag of Words)模型,将文本看做多维向量空间中的一个向量,这种表示法认为文本是由一系列词条组成的,词条出现的次序是无关紧要的,也就是把文本看做一系列词条的集合,通过对这些词条对

---

① 程显毅,朱倩. 文本挖掘原理 [M]. 北京:科学出版社,2010:1-6.

② 姜韶华. 科研项目管理中的文本挖掘方法研究及应用 [D]. 大连理工大学,2006.

③ 高茂庭. 文本聚类分析若干问题研究 [D]. 天津大学,2007:19.

应权值的描述来表示文本，从而将文本信息的表示和匹配问题转化为向量空间中向量的表示和匹配问题来处理。

对于文本集 D 中的文本 D_i，如式（2.1）所示：

$$D_i = (t_{i1}, t_{i2}, \cdots, t_{ij}, \cdots, t_{in}) \quad (2.1)$$

D_i 代表一个文本；t_{ij} 是该文本的特征项词条，它的数值或权重 w_{ij} 反映了该属性 t_{ij} 对文本 D_i 的重要性。这时，文本 D_i 就可以被记为 $(t_{i1}, w_{i1}; t_{i2}, w_{i2}; \cdots; t_{ij}, w_{ij}; \cdots; t_{in}, w_{in})$。如果把 t_{i1}，t_{i2}，$\cdots$，t_{ij}，$\cdots$，t_{in} 看成是一个 n 维坐标系，而 w_{i1}，$\cdots$，w_{ij}，$\cdots$，w_{in} 是相应的坐标值，则 $(w_{i1}, \cdots, w_{ij}, \cdots, w_{in})$ 被看成是 n 维空间中的一个向量，称为文本 D_i 的向量表示。

使用向量空间模型表示文本具有很多优势[1][2]：

①基于向量的空间结构适合表示多属性的研究对象；

②改变了布尔模型只有 0 或 1 的简单判断；

③可以为词条赋予权重，反映词条对于文本或文本集的重要性；

④基于向量空间模型，可以设计多种相似性计算方法；

⑤向量空间为复杂的信息处理技术比如自组织地图、探路者关联网络、多维尺度分析，提供了良好的环境。

向量空间的缺点包括：

①向量空间模型不能克服高维数带来的问题；

②由于基于词袋理论的假设，向量空间在用词条表示文本时，也丢失了词条内在文本中的语境，在同义词和多义词的处理上存在问题；

③向量空间模型关于词间关系相互独立的基本假设（正交假设）在实际环境中很难满足，文本中出现的词往往存在一定的相关性，在某种程度上会影响计算的结果。同时，这种基于关键字的

---

① Zhang J. *Visualization for Information Retrieval* [M]. Berlin, Germany: Springer, 2008: 22-24.

② 夏立新，金燕，方志等. 信息检索原理与技术 [M]. 北京：科学出版社，2009: 30.

文本处理方法主要依据词频信息，两个文本的相似度取决于它们拥有的共同词汇的数量，因而这种方法无法分辨自然语言的语义模糊性。

2.1.3　文本特征选择与提取

文本特征的选择与提取是文本挖掘的重要步骤和工作基础，对从文本中抽取出的特征项进行量化，以一定的特征项表示文本信息。一般认为，文本集的特征越多，越能有效地表示文本。而实际上，不同的词汇对文本分类的价值是不同的，应剔除那些表现力不强的词汇，筛选出重要的特征项集合，或者削弱那些表现力不强的词汇的权重信息，从而突出文本集的有效特征。

如果将文本集里的自由词都看做特征词，向量空间模型的维数则会直线上升，出现"维数灾难"。第一，文本集中存在大量的噪音词汇，将会对文本挖掘产生干扰；第二，会进一步加剧"稀疏矩阵"带来的问题；第三，过大的特征集合会造成文本挖掘的不经济性。特征抽取的目标是在保持足够的有效文本特征的基础上，通过降维提高文本挖掘的运行效率和质量①。

特征提取是利用数学工具降低维数寻找最有效的特征构成低维空间，其主要有两类方法。

一类是基于统计的方法，通过衡量单词对分类的重要性来决定单词是否需要被保留为最终的特征。判定单词重要性的方法主要有：特征词的文档频率法（Document Frequency，DF）、信息增益法（Information Gain，IG）、互信息法（Mutual Information，MI）、χ^2统计法（CHI）、特征词强度法（Term Strength，TS）等②。

另一类是基于子空间的方法，比如潜在语义索引（Latent

---

①　魏建香. 学科交叉知识发现及可视化［M］. 南京：南京大学出版社，2011：19.

②　Blum, Avrim L., Pat Langley. *Selection of Relevant Features and Examples in Machine Learning*. Artificial Intelligence 97.1（1997）：245-271.

Semantic Indexing，LSI）、主成分分析（Primary Component Analysis，PCA）、因子分析（Factor Analysis，FA）、Projection Pursuit、独立组件分析（Independent Component Analysis，ICA）、随机映射（Random Projection，RP）等①②。这种方式通过空间转换将原始高维空间上的数据映射到一个新的低维空间上，低维空间上每一维的值由原始空间经过线性或非线性转换得到。该方法与前面所述方法最大的不同之处在于，其并不是直接通过计算单词的重要性然后决定该单词是否保留作为最终的特征，而是使用线性或者非线性的变换将冗余或者无效的信息映射到相对较弱的维度上，从而保证特征提取的效果。

前者是通过对特征项的权重进行排序，设置阈值作为选取特征值的标准；后者是基于线性变化将特征向量从高维空间投影到低维空间，并保留最主要的特征，剔除噪声因素。

本书中主要用到的是第一类方法，下面简要介绍第一类中的三个典型方法：

（1）互信息

互信息（Mutual Information）是信息论里重要的信息度量，用来测度两个随机变量的统计相关性。互信息方法应用于特征抽取的原理是：特征词w_i在特定类别C_i中的频率高，而在其他类别中的频率低，则w_i与C_i的互信息比较大。互信息量被作为特征词w_i在特定类别C_i（如某个潜在主题）关系的测度指标，其公式表达为：

$$MI(w_t, C_i) = \log \frac{P(w_i, C_i)}{P(w_i)P(C_i)} \qquad (2.2)$$

其中：$P(w_i)$是文本集中特征词w_i的文本概率，$P(C_i)$是文档来自类别C_i的概率，$P(w_i, C_i)$是特征词属于类别C_i的概率。

---

① Torkkola, Kari. *Feature Extraction by Non Parametric Mutual Information Maximization*. The Journal of Machine Learning Research 3, 2003：1415-1438.

② Fodor, Imola K.. *A Survey of Dimension Reduction Techniques*. Center for Applied Scientific Computing, Lawrence Livermore National Laboratory 9, 2002：1-18.

(2) TF-IDF (Term Frequency -Inverse Document Frequency)

词条频次（Word Frequency）和逆向文本频次（Inverse Document Frequency）都可以反映文本集的特征。词条频次是指某个词条在文本中出现的次数，通常会被归一化，防止它偏向长篇幅的文本。逆向文本频次是一个词语普遍重要性的度量，由文本总数除以包含该词条的文本数后取对数得到。实验表明，将词条频次和逆向文本频次结合可以更好地表示特征项的权重，即 TF-IDF 方法①。

TF-IDF 是一种常用的加权技术，也是一种基于词频的统计方法，用以评估一个词对于一个文本集的重要程度。它的假设是：如果特征项在表征文档 D_i 中有重要作用，必然有着较高的项频和较低的文档频率。词的重要性随着词频的增加成正比增加，随着文档频率的增加成反比下降。也就是说，对区别文档最有意义的词语应该是那些在文档中出现频率高，而在整个文档集合的其他文档中出现频率少的词语。

TF-IDF 的计算公式如式 (2.3)：

$$W(t, d) = \frac{tf(t, d) \times \log\left(\frac{N}{n_t} + 0.01\right)}{\sqrt{\sum_{t \in d}\left[tf(t, d) \times \log\left(\frac{N}{n_t} + 0.01\right)\right]^2}} \quad (2.3)$$

其中，$W(t, d)$ 是词条 t 在文本 d 中的权重，而 $tf(t, d)$ 是词条 t 在文本 d 中的频次，N 是文本集的文本数量，n_t 是文本集中包含词条 t 的文本数量，分母是标准化因子。

简单版本的 TF-IDF 的计算公式如式 (2.4)：

$$W(t, d) = tf(t, d) \times \log\left(\frac{N}{n_t}\right) \quad (2.4)$$

TF-IDF 方法是 Spark Jones 在 1972 年提出的，其综合了两个方

---

① Yang, Yiming, and Jan O. Pedersen. "A comparative study on feature selection in text categorization." In Machine Learning-international Workshop Then Conference, Morgan Kaufmann Publishers, Inc., 1997: 412-420.

面的考虑：一方面，TF 体现高频词对文本的共现，又处于加强同类文本的相似性；另一方面，如果高频词在所有文本中的词频都比较高，则文本之间难以区分，因此引入逆文本频率 IDF 来调整 TF 的不足，以加强文本之间的差异性，使文本容易区分。IDF 对 DF 起到了一定的调节作用，但 IDF 是一种试图抑制噪音的加权，并且单纯地认为文本频次低的单词就越重要，文本频次高的单词就越无用，显然并不完全符合事实。

同时，IDF 的简单结构不能有效反应特征词的分布和位置信息。以科技文献为例，词条出现在标题、关键词或摘要中，其重要性与它出现在正文中是不同的，因此在实际应用中需要加以改进。

（3）信息增益（Information Gain）

对于词条 t 和文本集合 D，使用 D 中包含 t 的文本数量和不包含 t 的文本数量来衡量 t 对于 D 的信息增益。词条 t 的信息增益可以表示为式（2.5）。

$$G(t) = -\sum_{i=1}^{n} p(D_i) \log p(D_i) + P(t) \sum_{i=1}^{n} p(D_i \mid t) \log p(D_i \mid t)$$
$$+ p(t) \sum_{i=1}^{n} p(D_i \mid t) \tag{2.5}$$

$p(t)$ 是词条 t 出现的概率，$p(t')$ 是词条 t 不出现的概率，$p(D_i \mid t)$ 表示包含 t 的文本属于文本集合 D 的概率，$p(D_i \mid t')$ 表示包含 t 的文本不属于文本集合 D 的概率。

▶ 2.2 知识发现

2.2.1 知识发现概述

知识发现是从数据集中抽取和精化新的模式的过程，是指从数据集中识别出有效的、新颖的、潜在有用的，以及最终可被理解的模式的非一般的过程。

数据挖掘（Data Mining）就是从大量的、不完全的、有噪声

2.2 知识发现

的、模糊的、随机的实际应用数据中,提取隐含在其中的、人们事先不知道的,但又是潜在有用的信息和知识的过程。数据挖掘也被称为数据库中的知识发现(Knowledge Discover Database,KDD)也有将其翻译为数据开采、知识挖掘、知识抽取和知识考察①。

知识发现,实质上是在不同观察距离上看同一批数据和数据的组合,仅仅是观察的粒度不同②。

(1)知识发现的步骤

问题的理解和定义:数据挖掘人员与领域专家合作,对问题进行深入分析,以确定可能的解决途径和对学习结果的评测方法。

相关数据收集和提取:根据问题的定义收集有关的数据。在数据提取过程中,可以利用数据库的查询功能以加快数据的提取速度。

数据探索和清理:了解数据库中字段的含义及其与其他字段的关系。对提取出的数据进行合法性检查并清理含有错误的数据。

数据工程:对数据进行再加工。主要包括选择相关的属性子集并剔除冗余属性,根据知识发现任务对数据进行采样以减少学习量,以及对数据的表述方式进行转换以适于学习算法等。为了使数据与任务达到最佳的匹配,这个步骤可能要反复多次。

算法选择:根据数据和所要解决的问题选择合适的数据挖掘算法,并决定如何在这些数据上使用该算法。

运行数据挖掘算法:根据选定的数据挖掘算法对经过处理后的数据进行模式提取。

结果的评价:对学习结果的评价依赖于需要解决的问题。由领域专家对发现的模式的新颖性和有效性进行评价。数据挖掘是KDD过程的一个基本步骤。它包括特定的从数据库中发现模式的

---

① 陈文伟,黄金才,赵新立.数据挖掘技术[M].北京:北京工业大学出版社,2002.

② 温有奎,徐国华,赖伯年等.知识元挖掘[M].西安:西安电子科技大学出版社,2004:62.

挖掘算法。KDD 过程使用数据挖掘算法根据特定的度量方法和阈值从数据库中提取或识别知识,这个过程包括对数据库的预处理、样本划分和数据变换。

(2)知识发现的方法

统计方法:从事物的数量规律去推断其本身的真实规律。

机器学习:机器或系统通过执行某种过程而改进它的性能。

神经计算:模仿人脑神经网络结构或某些工作机制的一种计算模型。

可视化:把数据、信息和知识转化成可视的表示形式①。

(3)知识展示

知识展示也称知识呈现(Knowledge Presentation),是指通过一定的知识表示及信息可视化技术,将基于知识的整合系统按照一定方式,清晰有序地在一个统一的界面上展示出来。知识网络是对知识组织体系的展现,是对知识及知识之间关系的可视化描述。其主要功能是定位知识,显示概念在知识体系中的位置,揭示此概念和其他概念间的语义联系,描述知识网络中各种关联,并通过直观、形象的方式加以展现。

2.2.2 聚类知识发现

自动聚类算法作为一种自动化程度较高的无监督机器学习方法,是文本数据挖掘和知识发现最常用的方法之一,根据对象之间的相似度或相异度,将对象划分到不同的类别中,进而对文本内容进行归类或重新组织,帮助人们分析和理解高维数据,发现潜在的知识。在信息研究领域,专家学者经常使用此方法对科学文献进行共篇、共引、共词等共现分析,用于映射学科结构、探究学科范式、发现学科发展的热点主题、展现同一研究主题文献之间的联

---

① 史忠植. 知识发现(第二版)[M]. 北京:清华大学出版社,2011.

2.2 知识发现

系、预测学科领域的发展趋势和方向、构造领域作者群和合作网络①②③。

聚类知识表达的目的，一方面是表述当前数据集聚类信息，反映现状；另一方面希望获取数据分布和知识规则，以便于对未来信息进行预测和分析，即获得一种知识。知识的概念是内涵与外延的统一体，内涵由属性表示，外延用对象表示。

聚类知识是可以理解的，一个完整的聚类知识表达，需要三个方面的信息：一是当前数据点的分布（聚类状况）；二是这些分布与属性集的关系；三是如何分派更多数据点到这些分布中去，即关于规则的描述④。

聚类分析是无监督的学习过程。聚类没有预先定义好的主题类别，它的目标是将对象集合分成若干个簇，要求同一簇内对象的相似度尽可能地大，而不同簇间的相似度尽可能地小。执行聚类算法，获得聚类谱系图。选取合适的聚类阈值。在得到聚类谱系图后，领域专家凭借经验，具体的应用场合确定阈值。阈值确定后，就可以直接从谱系图中得到结果。

聚类不依赖任何先验知识而将相似的数据划分到一个类别中，由于类别数远小于数据数，因此对大量数据进行聚类后，用户可以快速发现自己感兴趣的信息所在的类别。

---

① 马费成，宋恩梅. 我国情报学研究分析：以 ACA 为方法 [J]. 情报学报，2006，25（3）：259-268.
② 冯璐，冷伏海. 共词分析方法理论进展 [J]. 中国图书馆学报，2006，162（32）：88-92.
③ 魏建香. 学科交叉知识发现及可视化 [M]. 南京：南京大学出版社，2011.
④ 陈建斌. 高维聚类知识发现关键技术研究及应用 [M]. 北京：电子工业出版社，2009：164.

第 3 章　潜在主题可视化的基本原理和流程

本章将论证用具有集聚关系的词条集合表示潜在主题的原理、用转置向量空间中的邻近关系表示集聚关系的原理、用 MDS 将邻近关系投影到低维空间的原理，构建潜在主题可视化的总体流程。

内容安排如下：

3.1 节主要论证了使用具有集聚关系的词条集合表示潜在主题的原理：由于表达同一主题的词汇在原始文本集内具有集聚关系，将集聚关系抽象出来，就可以找到这样一组词汇集合，并用这个词汇集合来表示文本集的潜在主题。

3.2 节主要论证了 MDS 用于潜在主题可视化的原理、可行性和优势：词条在转置向量空间中的邻近关系可以用来提取和表示词条之间的集聚关系，而 MDS 可以将这种高维空间中的邻近关系投影到三维可视空间中。

3.3 节描述了潜在主题可视化的流程及流程中各个步骤的基本原理和作用。

▶ 3.1　词汇集聚与潜在主题的表示

本小节论证了使用具有集聚关系的词条集合表示潜在主题的

原理。

3.1.1 基于文本单元集聚的主题发现

主题是指一篇文章、一段话、一个句子所表达的中心思想。从文本知识发现的角度看,发现和表示文本主题的过程,实质上是在不同观察距离上看同一个文本集,仅仅是观察的粒度不同。

如图3-1所示,描述文本集的主题构成时,以文本为基本单元和观察粒度,可以把文本集划分成不同子集,每个子集代表了一类主题;以文本中的片段(段落群)为基本单元和观察粒度,可以突破篇章的限制,把文本集看做各个语义片段的集合,表达相同内容的语义片段代表了一类主题;以自然段、句群、自然句为基本单元和观察粒度,可以提取出文本集中更细化的主题结构和内容;若要更深入、更细致地提取文本集包含的主题,则需要深入到最小的语义单元来考虑问题,即将主题发现的基本单元和观察粒度细化到词的层面。

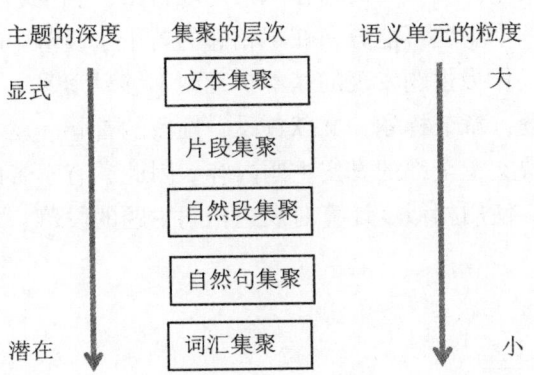

图3-1 语义单元集聚的层次与主题发现深度的关系

在文本聚类中,通过对文本的分类,为每一类文本簇给定一个主题。这也是文本聚类进行主题发现的缺点,即一篇文章只能与一个主题建立联系。

第 3 章　潜在主题可视化的基本原理和流程

　　一篇自然语言文本可以是单主题的，也可以是多主题的。即使文本中只讨论一个中心主题，但它往往涉及多个子主题或细分主题①。

　　单主题的文本会从不同侧面、不同层次论述主题，比如一篇讨论水果功效的文章，可以分别论述不同种类水果的美容功效，也可以从美容功效、保健功效等功能的层面对其展开描述。从文本集的角度看，主题相关的文本集中的文本，其论述的主题既有重叠又有互相补充。

　　在科技文章中，文章标题或各级子标题可以反映文章的主题和子主题，这种划分是正式文本最基本的主题结构②。内容连续、描述同一概念的子主题，主要是指文本中的句群、段落群等。

　　在文本集里，内容相似，并在不同文本中重复出现的片段代表了文本集的重要主题。因此，文本被切分成若干"片段"，每一个片段代表一个主题，这里主题可被理解为：由文本的若干个相邻的片段组成，表达或阐述一个相对独立的意义或话题的区域。

　　文献指出，这种主题发现的方法仅仅适合篇章结构比较规范和严谨的正式文本。当文本的写作风格比较自由，且主题分布灵活多样的时候，一个主题可能分布在不相邻的若干个段落中时，再以连续的段落片段作为主题发现的基本单元则不够科学③。

　　文本标题，章节标题，文献首段、尾段的首句、尾句和子主题不能完全反映文本全部的真实主题内容。因此，有学者以自然段或句子为单元，使用相似度计算对表达相同主题的段落、句子进行聚

---

　　①　叶娜. 文本分割关键技术及其在多文档摘要中的应用研究［D］. 沈阳：东北大学，2008.

　　②　Brown G., Yule G.. *Discourse Analysis*［M］. London：Cambridge University Press，1983.

　　③　徐永东. 多文档自动文摘关键技术研究［D］. 哈尔滨：哈尔滨工业大学，2007：36.

3.1 词汇集聚与潜在主题的表示

类,再进行主题发现①。

至此,我们发现,根据文本单元集聚特性和聚类方法对文本进行主题发现的粒度在不断细化,从篇章层面的聚类发展到文本片段(段落群)的聚类,再发展到单一段落,甚至是自然句的聚类②③,对主题的定位也越来越精确。然而,这些方法可以用来发现主题,告诉用户某个给定文本集包含多少主题,反映出文本中有哪些文本片段"属于"某个主题,哪些文本片段"不属于"某个主题,但却不能用来表示主题,得不到主题的词条构成,不能告诉用户某个主题的细节,也很难直观地呈现和解释主题的语义内容④。

若要深入地揭示主题的语义内容,就有必要将主题发现的表示对象细化到词语的层面,因为词是文本中最小的语义单元。相关词条集聚产生的簇可以代表文本的主题信息,反映文本的多条主题线索⑤,覆盖文本内更多的主题信息。这样,一个文本就可以与多个主题相对应,更符合文本多主题的自然属性。词汇集聚不仅可以用来发现主题,还可以用有集聚关系的词汇集合来表示主题、揭示主题的内容。

词汇集聚理论证明,用词来发现、表示和呈现主题是可行而且必要的。

---

① Lu, S. Y. Fu, K. S.. *A Sentence-to-sentence Clustering Procedure for Pattern Analysis* [C]. Systems, Man and Cybernetics, IEEE Transactions, 1978, 8(5):381-389.

② Yaari Y.. *Segmentation of Expository Texts by Hierarchical Agglomerative Clustering*. arXiv preprint cmp-lg/9709015, 1997.

③ Salton G., Singhal A., Buckley C, etc. *Automatic Text Decomposition Using Text Segments and Text Themes* [C]. In Proceedings of Seventh ACM Conference on Hypertext, ACM, 1996:53-65.

④ 徐永东. 多文档自动文摘关键技术研究 [D]. 哈尔滨:哈尔滨工业大学,2007:66.

⑤ Ercan G., Cicekli I.. Using Lexical Chains for Keyword Extraction [J]. *Information Processing and Management*, 2007, 43(6), 1705-1714.

3.1.2 词汇集聚与潜在主题的发现和表示

任何一个有意义的文本或文本片段都是围绕某个中心思想或主题遣词造句而形成的，它的词汇选择和使用具有统一性，也就是词的集聚特性，这种集聚特性通过回指（Back-Reference）、连接（Conjunction）和语义联系把文字黏接在一起，使它们成为表达一定含义的整体结构①。

词汇的集聚特性存在于文本中围绕某一个主题的许多相关词汇之间。Morris 和 Hirst 使用词汇链的概念来解释词汇集聚理论，认为词汇集聚存在于文本中围绕某个主题语义的相关词之间，这些相关词的有序排列就构成了词汇链②。

Halliday 和 Hasan 在 *Cohesion in English* 一书中，将词汇的集聚关系分为五种类型：带有指称关系的词汇复现、没有指称关系的词汇复现、基于上下位关系的复现、系统性的语义关系、非系统性的语义关系。上述集聚关系的五种类型中，前三种都是词汇复现，这种复现不仅包括完全一致，或单词的重复，还包括超类、从属和近义③。这也进一步说明了文本或文本集合中某些词之间存在隐含的、意义上的集聚关系。

词汇集聚可以是物理上的集聚，也可以是语义上的集聚。

物理上的集聚是词汇在文本中呈现物理上的近邻关系，在形式上体现为词汇间的共现关系，相似或有关联的词汇总是倾向于出现

---

① 姚天顺，朱靖波. 自然语言理解 [M]. 北京：清华大学出版社，2002：133.

② Morris J., Hirst G.. Lexical Cohesion Computed by Thesaural Relations as an Indicator of the Structure of Text [J]. *Computational Linguistics*, 1991, 17(1): 21-48.

③ 姚天顺，朱靖波. 自然语言理解 [M]. 北京：清华大学出版社，2002：134.

3.1 词汇集聚与潜在主题的表示

在同一主题片段内①，存在一定的距离关系。

语义上的集聚是词汇之间的内在语义联系，在形式上体现为词汇间共现关系的传递，即使没有在一篇文章中共同出现的词也可以通过中间词建立关联。最典型的例子就是同近义词，不同的作者可能会使用不同的词表达同一个意思，同义词很显然应该是从属于同一个主题。

不管是物理上的集聚关系，还是意义上的集聚关系，背后的驱动力都是词条之间的语义关系。词条的语义关系是决定词的集聚特性和聚集关系的最主要的因素。词条的语义关系指词汇层面上的词语之间的意义关系，张燕飞②将这些关系总结为三种基本类型：词与词之间的等同关系、等级关系、相关关系。等同关系是指词语之间的同义或近义关系，等级关系是指词语之间的上下位、部分-整体、成员-集体、属性-宿主或值-属性等关系，而相关关系是指词语之间存在的除了等同关系和等级关系外的其他关系，包括对立关系（含反义关系）、因果关系、搭配关系等。

由于这些关系的相互作用，词汇连接成了文本整体，文本中的关联词条也在物理距离上或是语义上体现出一定的邻近关系。这些关联词条作为整体表达了一类含义，即文本中的主题。这些表示同一主题的词条在语用上（外延）也体现出相互依赖、相互影响、相互关联等特性。

语义关系驱动词汇产生集聚、形成集聚效应，而词汇集聚的黏合力和凝聚力则为主题的发现和提取提供了内生动力。词汇集聚关系为文本集合潜在主题的发现提供了可能，意味着存在表达同一主题的词汇集合。

同时，文本集合本身的特性则为主题的发现和提取提供了外生动力：一是文本集的规模，二是文本集的主题相关性，这两个特性可以使词汇的集聚特性呈现出统计规律。研究结果显示，词或短语

---

① Halliday MAK., Hasan R.. Cohesion in English [M]. Longman: Addison-Wesley Longman Ltd, 1976.

② 张燕飞. 信息组织的主题语言 [M]. 武汉：武汉大学出版社, 2005.

的重复出现反映了文本片段的词汇集聚度，而同一主题内部的词汇集聚度明显大于主题边界处的词汇集聚度[1][2]。随着文本集规模的增加，或者说随着文本集中主题相关的文本数量的增多，唯一性词汇的数量增加，唯一性词汇重复出现的次数增加，主题的数量也随之上升。当主题相关的文本数目当达到一定规模以后，唯一性词汇的数量会趋于稳定，构成主题的词汇集合也会趋于稳定，从而潜在主题的数量也会保持在相对固定的水平上，形成一种统计特性。当达到将能表达不同细分主题内容的关联词条重新组合的目的后，文本集就被表示成由若干个潜在主题组成的集合，而潜在主题的数量远远小于文本的数量。

基于这些认识，形成如下观点：词汇集聚存在于文本中围绕某个主题语义的相关词条之间，将文本集内相关词条的集聚特性抽象出来，形成一定的统计规律，就可以找到表达同一主题的词汇集合，并用这个词汇集合来表示文本集中的潜在主题。

如绪论所述，在用相关词汇的集聚表示主题的过程中，文本、词条及词条的频率是可以观测的，而文本集包含多少主题、包含哪些主题、哪些词条属于同一个主题等信息则不可直接获取（Unobserved），文本集中混合的主题（一类相关的词所表示的含义、语义）是隐藏的、不能观测的，因此称为"潜在主题"。3.1.3 节将对潜在主题的概念进行详细定义。

3.1.3 潜在主题的定义

由于表达同一主题的词条在文本集中体现出物理距离上的邻近关系，即词汇的集聚性，所以才能通过词汇在转置向量空间中的邻近关系将这种物理上的集聚特性表示出来，并把具有邻近关系的词

---

[1] 叶娜. 文本分割关键技术及其在多文档摘要中的应用研究 [D]. 沈阳：东北大学，2008.

[2] Halliday MAK., Hasan R.. *Cohesion in English* [M]. Longman：Addison-Wesley Longman Ltd，1976.

3.1 词汇集聚与潜在主题的表示

条投影在三维可视空间中,由于某种内在关联,这些本就表达同一类含义的词条自然会集聚成主题。

在本书中,将潜在主题的定义如下:隐藏在文本与词条之间的、难以直接观察到的细分主题,是文本中具有潜在关联的词条的集合,代表着被掩盖和隐藏在文本中的一类含义,是文本集合上语义的高度抽象和压缩表示。

简单来说,潜在主题就是文本集中共同表达某一类含义的关联词条的集合。

潜在主题具有如下特性:

①层次性。潜在主题是典型的层次结构,可以根据主题包含语义内容的多少将其划分为若干级别,一个含义较广的主题类属可以包含若干子类属,含义较广的主题类属被看做父类主题、上位主题。当然,主题不能无限细分,因为当主题包含的词条非常少时,对用户来说不具有实际意义。在第 4 章中,引入了开放式编码的方法来构建父类潜在主题;父类潜在主题包含的子主题、细分主题被称为子类潜在主题。

②隐含性和不可观测性。潜在主题即不以文本为单元、也不以段落为单元进行分布,而是在文本集中随机分布的。相对于可以观测到的文本和词来说,文本集的潜在主题具有不可观测性。

③客观性。潜在主题反映的文本集真实的主要内容,必须忠实于原始文本集,不能偏离原有主题。冗余的、细节的信息被忽略和剔除掉,留下关键的信息。

④与文本形成多对多的映射。在传统的文本聚类中,多个文本对应一个主题,一个文本只能与一个主题建立联系。对于潜在主题来说,可以将文本集看做潜在主题的集合,一个潜在主题对应多个文本,一个文本也可以与多个潜在主题建立联系,如图 3-2 所示。

潜在主题的集合不是单个文本主题的简单加总,也不是任何单个文本提供的,而是文本集作为一个整体提供的,是基于统计关系的关联词条的集聚。

潜在主题与单个文本的关系如图 3-3 所示,把潜在主题看做相

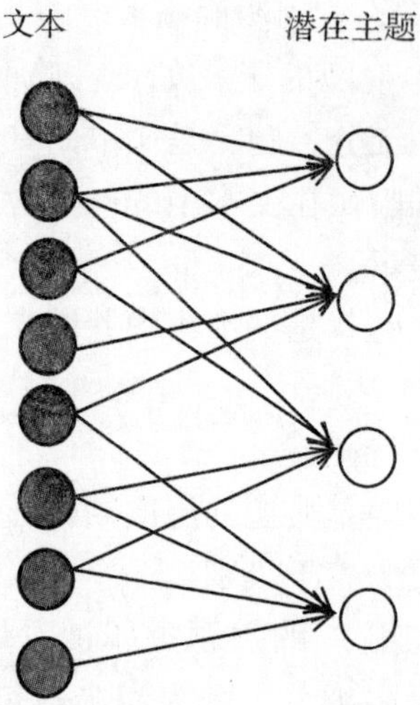

文本　　　潜在主题

图 3-2　文本与潜在主题的多对多映射

关词条的集合，用虚线圆代表潜在主题 T，实线圆代表文本 d，词条用黑点表示。

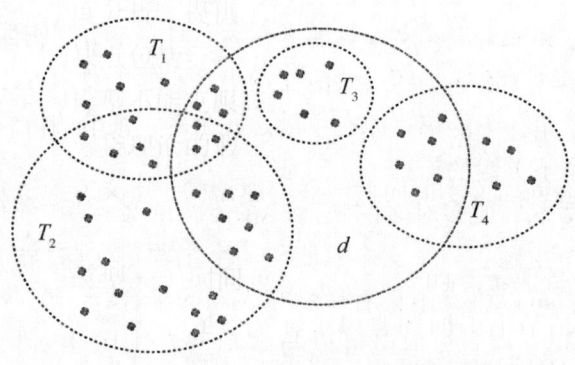

图 3-3　潜在主题与单个文本的关系

图 3-3 说明了潜在主题的以下特性：
① 单个文本可以与若干潜在主题建立联系。
② 构成某个潜在主题的词条可能来自若干个文本。

③单个文本包含某个潜在主题的全部或部分词条。
④不同潜在主题可以共享一部分词条。

3.1.4 潜在主题与相关概念辨析

以下对与潜在主题类似或相关的概念进行辨析与比较：

(1) 与主题模型中"主题"的关系

以 pLSA、LDA 及其扩展模型为代表的概率主题模型将主题定义为：语义相关的词上的多项式分布，这是从概率分布的角度对潜在主题的定义。在主题模型中，主题表示一个概念、一个方面，表现为一系列相关的单词，是这些单词的条件概率。形象地说，主题就是一个桶，里面装了出现概率较高的单词，这些单词与这个主题有很强的相关性①。

Hoffman 在 1999 年提出概率潜在语义分析（pLSA）时，第一次明确引入了"潜在主题"的概念，认为文本与文本中的词之间存在不能观测到的（Unobserved）主题，从而建立了"文档-潜在主题-词"之间的概率分布关系，并利用这种关系进行检索②。在此基础上，Blei 等学者在 2003 年提出了 LDA（Latent Dirichlet Allocation）主题模型，用一个服从 Dirichlet 分布的 K 维隐含随机变量表示文档的主题混合比例，模拟文档的产生过程，使隐藏于片段内的不同主题与文本表面的字词建立联系③。

主题模型从概率分布的角度将潜在主题定义为"相关词条的多项式分布"（一个特定的词频分布），认为在 LDA 等主题模型中，词条是可观测的变量，主题是潜在变量。有学者因此把基于潜

---

① 主题模型-LDA 浅析［EB/OL］.［2012-12-28］. http://blog.csdn.net/huagong_adu/article/details/7937616.

② Hofmann T.. *Probabilistic Latent Semantic Indexing*［C］//Proceedings of the 22nd Annual International ACM SIGIR Conference on Research and Development in Information Retrieval. New York：ACM, 1999：50-57.

③ Blei D. M., Ng. A. Y., Jordan M. I.. Latent Dirichlet Allocation［J］. *The Journal of Machine Learning Research*, 2003, 3 (3)：993-1022.

第 3 章 潜在主题可视化的基本原理和流程

在变量模型提取出来的主题称为"潜在主题"。

从一般意义上说,主题模型提取出来的潜在主题就是给定文本集中相关词汇或短语的集合,共同的特征使它们得到集聚。

主题模型中对主题的定义与本书中潜在主题的定义在本质上是相同的,区别是提取主题的方法和技术路线不同。LDA 主题模型使用三层贝叶斯模型提取主题,把主题看做相关词条上的多项式分布;本书用另一种思路,即直接使用可视化的方法,将使用转置向量空间中的邻近性来提取相关词条的集聚性,并将相关词条的集聚特性投影在三维空间中,形成潜在主题。

Griffiths 和 Steyvers 指出,LDA 等主题模型是将一起出现的词语聚类为主题的语言模型①。Chakrabarti 也在 *Mining the Web*: *Discovering Knowledge from Hypertext Data* 一书中将 SOM、MDS 等可视化方法与 pLSA 等概率主题模型并列起来讨论,并认为 SOM、MDS 是基于嵌入(Embedding)的聚类,而 pLSA 是基于概率方法的聚类②。

所以,从内涵和功能上说,这个定义与概率主题模型中对潜在主题的定义是一致的,如果使用概率分布对 MDS 空间聚类得到的主题进行表示,可视空间中的潜在主题同样是相关词汇的多项式分布。潜在主题可视化就是要通过可观测的词频矩阵推断、寻找和发现不能观测的潜在主题。

当文本挖掘和知识发现的目的是发现"给定文本集"的主题内容时,使用 MDS 空间聚类的方法代替 pLSA、LDA 等复杂的概率主题模型来提取文本集的潜在主题,可以增强潜在主题的展示效果、呈现潜在主题之间的关联,不失为一种有益的尝试。

(2) 与"词汇链"的关系

---

① Griffiths T., Steyvers M.. *Finding Scientific Topics* [C]. Proceedings of the National Academy of Sciences of the United States of America, 2004, 101 (Suppl 1): 5228-5235.

② Chakrabarti S.. *Mining the Web: Discovering Knowledge from Hypertext Data* [M]. San Francisco: Morgan Kaufmann Publishers, 2002.

3.1 词汇集聚与潜在主题的表示

词汇链是与潜在主题相似的概念之一。

构建词汇链（Lexical Chains）的中心论点是：文件中所描述的概念其实是由拥有该概念意义的所有字词组成的结果。词汇链是根据一种词汇间语义关系引起的凝聚力所建成的，它与文本的结构有一种对应关系，提供了关于文本结构和主题的重要线索。

词汇链提供了解释词、概念和句子的语义环境。由于词汇链凝聚了文档内相似或相关的词，因此其能够在一定程度上近似反映文档的主题信息。有学者通过在文档内构建词汇链以反映文档的多条主题线索，建立了一种基于主题的特征选择方法，然后在文档内选择能够代表主题信息的特征词进行输出。这种做法有以下几个好处：①能够保证输出的特征词能够全面覆盖文档的主题信息；②能够保证不引入与主题信息无关的特征词；③能够防止抽取描述同一主题信息的冗余词。

词汇链是由文中围绕某主题的许多相关词组成的集合体，因此在构建词汇链时需要知道词在某个上下文中的确切含义①，往往需要借助语义词典获取词义，比如 Morris J. 等②采用 1977 年的 Roget 词典知识库来识别两个词之间是否满足某种语义关系，进而判断词汇的集聚关系，并利用了多种词汇关系类型（包括同义词、具体—一般、局部—整体等关系）来评价文本片段的词汇聚合度；Stairmand M.③利用 WordNet 构建词汇链，等等。

词汇链经常被用于文本分割或主题划分，先把文本中的名词术语抽取出来，按照语义词典来判断每个字词所代表的含义，并将意义相关的词聚集在一起构成链条，使这些相关的词能在词义上保持

---

① 刘铭. 大规模文档聚类中若干关键问题的研究 [D]. 哈尔滨：哈尔滨工业大学，2010：17.

② Morris J., Hirst G.. Lexical Cohesion Computed by Thesaural Relations as an Indicator of the Structure of Text [J]. *Computational Linguistics*, 1991, 17 (1)：21-48.

③ Stairmand M.. *A Computational Analysis of Lexical Cohesion with Applications in Information Retrieval* [D]. Manchester：The University of Manchester, 1996.

连贯。然后根据 Lexical Chains 的聚集程度进行意义段划分，比较分析文章中出现的所有的词汇链，选出其中几条最大的词汇链，分析其词汇覆盖范围，文章中有较多词汇链结束和开始的地方一般就是话题转换的地方，可以作为文本内主题变换的划分点。在一个文本片段中，最长的一条词汇链往往代表着该片段所描述的主题。

这和本书构建潜在主题的方法有本质的不同。

第一，本书不需要借助任何语义词典（义类词典），只是通过词条在转置向量空间中的邻近关系来提取词条间的集聚特性。

第二，通过语义词典判断词条是否属于同一个词汇链，是基于词条之间的相似度。而通过空间邻近关系形成词汇聚类是基于词之间的相关度。相似度是相关度的特例，其内涵要小于相关度。程显毅等①对词语相关度和相似度作了区分："词语相关性反映了两个词相互关联的程度，可以用这两个词在同一语境下共现的可能性来衡量；相似度可以理解为，两个词语在不同的上下文中可以互相替换使用而不改变文本的句法语义结构的程度。"

"当识别出文档中所有的词汇链后，就可以比较两条词汇链之间的元素，以便确定后一条词汇链是否和前一条词汇链是连续的，并把后一条链标识为前一条链的'返回链'（Chain Returns），因为他们认为后一条链再次访问了（Revisited）前一条链所建立的主题。"② 这说明：词汇链把一定范围内出现的相关词条连接起来，如果后一条链表达了同样的主题信息，则认为后一条链再次访问了前一条链建立的主题。

在单一文本中，词汇链可以通过链式关系来描述词的集聚现象。但是对于文本集来说，词汇链这种单纯基于词先后出现的链式关系显得过于简单。而潜在主题的涵盖范围更广，是基于整个文本集词汇使用特征的统计规律得出的，而不是面向单个文本的。

---

① 程显毅，朱倩. 文本挖掘原理 [M]. 北京：科学出版社，2010：20.

② Morris J., Hirst G.. Lexical Cohesion Computed by Thesaural Relations as an Indicator of the Structure of Text [J]. *Computational Linguistics*, 1991, 17 (1)：21-48.

3.1 词汇集聚与潜在主题的表示

从这个角度看,潜在主题是多条语义相关的词汇链的组合。

(3) 与中心主题的关系

中心主题是贯穿全文的,各个潜在主题组合形成中心主题,每个中心主题与文本是一对多的关系,而潜在主题与文本是多对多的关系。

(4) 与"子主题"的关系

一个文本可以包含若干潜在主题,也包含若干子主题,但潜在主题与子主题并不能画等号。

①潜在主题是关联词条的集合,若一个文本只包含某个潜在主题的一小部分词条,该潜在主题可能不是该文本主要讨论的内容。但是在统计文本集潜在主题的时候,该文本为潜在主题贡献了词条和词频。潜在主题是基于统计规律的关联词条集合,反映的是整个文本集、而不是单个文本中的词汇关系。

②一般来说,子主题是若干语义关联的段落群,以段落为单元分布。潜在主题可以以段落为单元进行分布,也可以是随机分布,主题模型的相关研究可以证明这一点。

③在商业文本、政府公文等正式文本中,标题、章节标题可以在一定程度上对子主题进行标记,在科技文献中,主题词、关键词都可以指示文本的主题。但是,很多非正式文本则没有这些标记,甚至没有任何段落结构①。

(5) 其他相关概念

张庆国等②把那些不出现在正文中的关键词称为隐含主题;秦兵等③把文本集中相同或相似的句子聚类在一起,每个类簇即为文本集合的一个逻辑主题,并将文本集描述为若干逻辑主题的集合;

---

① Brown G., Yule G.. *Discourse Analysis* [M]. London:Cambridge University Press,1983.

② 张庆国,章成志,薛德军等. 适用于隐含主题抽取的K最近邻关键词自动抽取 [J]. 情报学报,2009 (2):163-168.

③ 秦兵,刘挺,高晔. 多文档集合中逻辑主题的确定 [C]. NCIRCS2004第一届全国信息检索与内容安全学术会议论文集. 2004:230-235.

主题图的相关研究①把主题定义为：用以表示任何有意义的事物对象，不同事物对象及其特征以及相互间的联系体现在主题图中就是一组主题。

3.2　MDS 可视化与潜在主题的挖掘和展示

本小节论证了 MDS 用于潜在主题可视化的原理、可行性和优势。

3.2.1　MDS 用于潜在主题可视化的可行性

潜在主题是相关词条的集聚，当研究目标是挖掘并提取给定文本集的潜在主题时，可以使用 MDS 对词条进行空间聚类，投影在人们可以观察的二维或三维空间中，并提取出文本集里包含的潜在主题，使研究者可以在可视空间中观察这些主题，充分发挥人们的空间判断能力和图形认知能力，尝试挖掘文本的主题内涵，以发现文本集中潜在的语义关联，揭示潜在的知识模式。

（1）关联词条可以通过邻近关系在可视空间中集聚成潜在主题

在基于词汇语义关系的内生动力和基于语义情景的外生动力的作用下，文本集包含的关联词条会在逻辑上集聚成潜在主题。如何将这种集聚关系呈现出来、把潜在主题表示出来，成为本书的一个关键研究问题。

前人的研究②证明：关联词条可以通过邻近关系在可视空间中集聚成潜在主题，潜在语义分析（LSA）的理论为本书潜在主题的发现和表示提供了可行的思路，即通过邻近关系计算和可视化技术使文本

---

① 马文峰，杜小勇，卢晓惠. 基于知识的资源整合［J］. 情报资料工作，2007（1）：51-56.

② Deerwester S., Dumais T., Landauer G., etc. Indexing by Latent Semantic Analysis［J］. *Journal of the American Society of Information Science*, 1990, 41（6）: 391-407.

3.2 MDS 可视化与潜在主题的挖掘和展示

集中的关联词条在可视空间中实现聚集,归属于同一潜在主题的词条空间距离较近、显示出空间邻近关系,进而集聚成潜在主题。

LSA 通过对词条-文本矩阵进行奇异值分解,得到左奇异向量 $\{t_1, \cdots, t_k\}$ 和右奇异向量 $\{d_1, \cdots, d_k\}$,通过计算词条、文本之间的相似性,将其表示在潜在语义空间中,相似或相关的词条体现出空间邻近关系,在潜在语义维附近实现空间聚类。

LSA 证明了相关的词条会通过空间邻近关系表现出空间聚集的特性。相关词条实现空间聚类的根本原因是这些词条在语义上的联系,这些相关词条一起表达了一类固定的含义,即文本集中的潜在主题。

这里,我们使用 Deerwester 等人在提出潜在语义分析时使用的例子来说明这个问题(如图 3-4 所示)。

Titles
c1: *Human machine interface* for Lab ABC *computer applications*
c2: *A survey of user* opinion of *computer system response time*
c3: The *EPS user interface* management *system*
c4: *System* and *human system* engineering testing of *EPS*
c5: Relation of *user*-perceived *response time* to error measurement

m1: The generation of random, binary, unordered *trees*
m2: The intersection *graph* of paths in *trees*
m3: *Graph minors* IV: Widths of *trees* and well-quasi-ordering
m4: *Graph minors: A survey*

图 3-4 潜在语义分析中的样本数据集①

图 3-4 是一个样本数据集,是贝尔通信研究所的技术备忘录中的文档标题,在 2 个以上标题中出现过的词被选为标引词,并用斜体字表示。所有的标题被分为两类:一类是跟 Human-Computer

---

① Deerwester S., Dumais T., Landauer G., etc. Indexing by Latent Semantic Analysis [J]. *Journal of the American Society of Information Science*, 1990, 41 (6): 391-407.

Interaction 有关的 5 个标题（用 c1~c5 进行标识），另一类是跟 Graph Theory 有关的 4 个标题（用 m1~m4 进行标识）。输入数据是词条-文本矩阵，矩阵的中的条目（项）是文档中真实的词频。词条-文本矩阵可以直接被用于关键词匹配的信息检索，但在这里则作为奇异值分解的输入。

词条文本矩阵经过奇异值分解后，在图 3-5 中显示了词条和文本的二维几何表示，词条用黑点表示；文档标题用空心方块表示，并且用括号列出了标题中含有的词的序号。这样，每个词和文本都可以用二维空间中的位置来表示。

在图 3-5 中，具有内在关联的词条、文本在潜在语义维附近呈现出较强的空间邻近关系，实现了空间聚类。实际上，词条-词条、词条-文本、文本-文本这三种空间邻近关系，最终都是由词条-词条的空间邻近关系决定的。

词汇链的理论认为，当文档中两个重要的词之间有某种语义关系时，这两个词可以形成一条词汇链，新来的一个词如果和现存的某个词汇链中至少一个词有某种语义关系，则这个词可以加入这个词汇链中。

如图 3-5 所示，以词 Computer 为例，与之产生空间集聚的词有 Human、Interface、User、Response，Computer 与这几个词在原始文本中具有物理上的集聚关系；而 Eps 等没有与 Computer 存在实际共现关系的词也与 Computer 发生了空间集聚，这是意义上的集聚。不难发现，Computer 通过中间词 User、Interface 和 System 与 EPS 建立了空间邻近关系。

从这里可以看出，在文本集中有物理集聚关系的词条可以实现空间集聚，有意义集聚关系的词条同样可以实现空间集聚。这种意义上的集聚关系可以通过共现关系的多次传递来体现，也可以由其他一些未知的内部联系来承载。

对于给定文本集的内容挖掘来说，优先讨论词条的空间聚类是非常必要的，因为词的关系决定了文本之间的语义关系和词条-文本之间的语义关系，从潜在语义索引中奇异值分解的角度看，能再现词语语义关系的左奇异向量 $\{t_1, \cdots, t_k\}$ 远比右奇异向量 $\{d_1, \cdots, d_k\}$ 重要，所以，有些学者认为，所谓潜在语义空间保

3.2 MDS 可视化与潜在主题的挖掘和展示

留一个词语空间就足够了①。

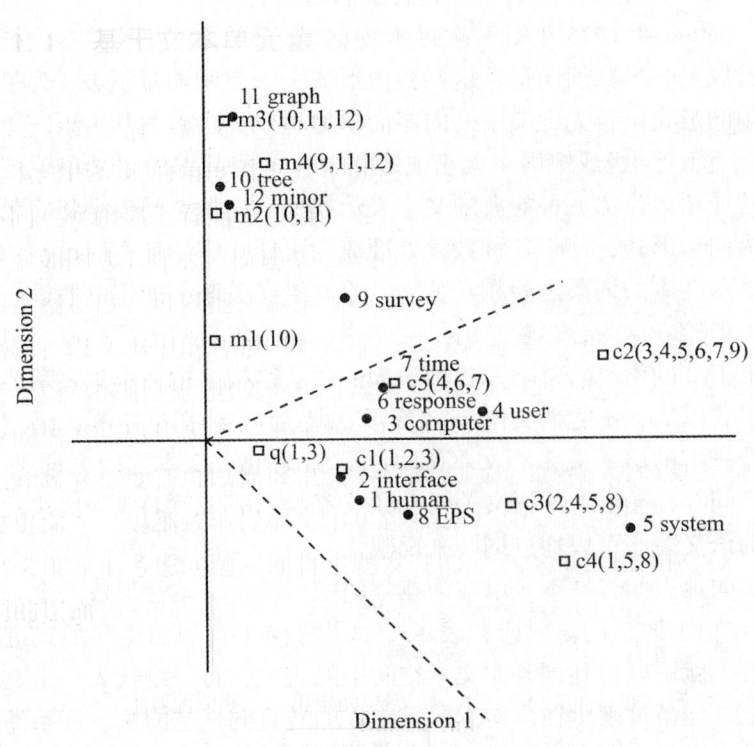

图 3-5 潜在语义分析中的二维潜在语义空间②

更关键的是，LSA 的研究证明了：词条间的集聚关系可以被表示成可视空间中的邻近关系，关联词条可以通过邻近关系实现空间聚集，而空间聚集的根本动力是关联词条都从属于同一个语义维，也就是潜在主题。

基于此，得到如下观点：词条的集聚关系可以通过空间中的邻近关

---

① 刘云峰. 基于潜在语义分析的中文概念检索研究 [D]. 武汉：华中科技大学, 2005 (20).

② Deerwester S., Dumais T., Landauer G., etc. Indexing by Latent Semantic Analysis [J]. *Journal of the American Society of Information Science*, 1990, 41 (6): 391-407.

系来体现，关联词条可以通过邻近关系在可视空间中集聚成潜在主题。

（2）词条可以被表示在转置的向量空间中

Salton 在 1975 年第一次提出用向量空间模型表示文本，把文档看成是一组数值向量，这些数值形成一个空间向量图①。为了将文本向量化，首先把文本的内容简单地看做它含有的基本语言单位（字、词、词组或短语）所组成的集合，这些基本的语义单位统称为特征项。作为一种经典的文本表示模型，向量空间模型将文献表示为向量形式，使得各种数学处理成为可能。它的基本假设是：用来表示文本的词条之间相互独立，没有语义关联，即正交假设。

但笔者认为，尽管忽略了文本集中词条出现的先后顺序、忽略了上下文的语境、忽略了各种表面的语法结构，把文本集表示成矩阵形式以后，不管是文本-词条矩阵，还是词条-文本矩阵，仍然包含着一定的语义关系。文本集中的词条之间、文本之间、词条-文本之间存在着潜在的语义关系和语义结构（语义关联），且这种潜在的语义关联可以通过词频来反映②。

向量空间将文本表示在词典空间中，一个文本会形成一个一对多（文档-词）的映射或者表示。如果将向量空间的矩阵形式进行转置，就可以得到词条在文本空间中的表示，每一维代表一个文本向量。词条被表示在由文本向量构成的转置向量空间中，词条的属性是它在每个文本中出现的频次。

可以将词条表示为式（3-1）：

$$M_{Cq} = \begin{pmatrix} a_{11} & .. & .. & a_{1n} \\ a_{21} & .. & .. & a_{2n} \\ & .. & a_{ij} & \\ a_{k1} & .. & .. & a_{kn} \end{pmatrix} \qquad (3\text{-}1)$$

---

① Salton G., Wong A., Yang C. S.. *A Vector Space Model for Automatic Indexing* [C]. Communications of the ACM, 1975: 613-620.

② Dupret, G.. *Latent Concepts and the Number Orthogonal Factors in Latent Semantic Analysis* [C]. In Proceedings of the 26th Annual International ACM SIGIR Conference on Research and Development in Information Retrieval, ACM, 2003: 221-226.

3.2 MDS可视化与潜在主题的挖掘和展示

其中 k 是词条的数量，n 是文本的数量，a_{ij} 是词频。

用公式（3-2）计算任意两个词条向量的内积，来证明转置向量空间中的词条存在一定的语义联系。

$$S(x, y) = \sum_{i=1}^{n} a_i \times b_i \quad (3\text{-}2)$$

通过对某文档集进行中文分词并统计词频，建立词条-文本矩阵，共57个文档，97个词，示意如表3-1所示：

表 3-1　　　　　　词条-文本矩阵示意

计算了97个词条向量的内积，部分结果如表3-2所示：

表 3-2　　　　　　词条之间的内积

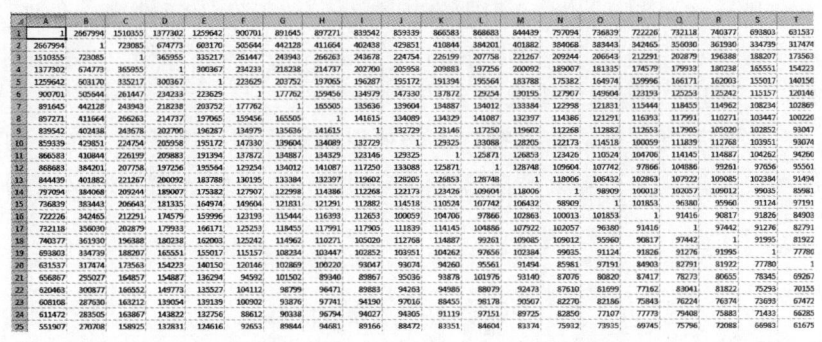

显然，所有词条向量两两之间的内积均不为0。所以，转置向量空间模型中的词条之间存在某种潜在的关系。

由于语义的关联，一个词的出现会与其他词的出现有相互关系，因此，记录词在文献中出现频度的矩阵（词条-文本矩阵）中就会含有某些结构，抑或是数值规律，体现了这种词与文献之间的语义关系①。文本中描述和表达的主题其实是由拥有该主题意义的词汇组成的结果，从词频矩阵中可以发现词条之间的关联，可以抽取出表达同一主题的关联词汇的集聚特性。

由此得出以下观点：词条可以被表示在转置的向量空间中，词条是文本空间上的一个表示。

（3）MDS 可以将转置向量空间中词条的邻近关系投影到可视空间中，具有邻近关系的词条可以在 MDS 空间图中集聚成潜在主题

关联词条在空间中相互邻近的根本原因是因为存在某种潜在的语义结构，使关联词条的组合从属于同一类含义，即表达了同一个主题。Deerwester 等学者在第一次提出潜在语义分析时，曾讨论使用什么方法来解释隐藏的潜在语义结构。他们认为可以从词频的统计信息中发现隐藏的潜在语义结构，并开始寻找为这种关联结构进行建模的方法，试图从可以观测的词频矩阵中获取潜在语义结构的参数。其中，语义结构特指词条出现在文本中的方式以及词条与文本的关联结构。认为文本间或词条间的语义相似度是潜在语义结构建模的核心，并将方法的范围限定在邻近性度量模型（距离模型）中。距离模型遵循相似相邻的原则，在某种空间或结构中将相似的对象排列在一起。这些可用来发现潜在的邻近结构的模型，包括：层次聚类、重叠聚类（Overlapping Clustering）、叠加树（Additive Tree）、因子分析和多维尺度分析。

多维尺度分析等多元统计方法可以揭示隐藏在词条和文本中的潜在语义结构②，构成潜在语义结构的潜在语义维（潜在语义空间

---

① 冯项云. LSI 潜在语义标引方法在情报检索中的应用 [J]. 现代图书情报技术，1998（4）：19-21.

② Deerwester S., Dumais T., Landauer G., etc. Indexing by Latent Semantic Analysis [J]. *Journal of the American Society of Information Science*, 1990, 41 (6): 391-407.

3.2 MDS 可视化与潜在主题的挖掘和展示

的坐标轴）就对应着文本集的潜在主题①。

如 3.3.1 节所述，词条聚类可以表示文本集中的潜在主题。

在潜在主题可视化时，词条被表示在转置的向量空间中，而转置的向量空间是高维空间，维数等于文本集内文本的数量，不具有几何上的观测意义。MDS 则可以将高维空间中的邻近关系投影到低维空间，使用低维的空间对象结构来映射高维空间中的对象之间的关系和结构。MDS 通过对象的空间距离来反映联系的强弱程度，在低维的 MDS 空间图中，两个词条越相关，它们的空间距离就越近，词条的邻近关系代表了它们之间的亲疏关系。相关的词条在可视空间中得到聚类，而聚类形成的词条组合就构成了一个潜在主题。

由此得出以下观点：词条在转置向量空间中的邻近关系可以用来提取和表示词条之间的集聚关系，而 MDS 可以将这种高维空间中的邻近关系投影到三维可视空间中，具有邻近关系的词条可以在 MDS 空间图中集聚成潜在主题。

潜在语义分析（LSA）使用奇异值分解的方法把词条-文本矩阵中的潜在语义结构应用于信息标引、信息过滤。必须指出，奇异值分解不是描述潜在的语义结构，而是利用潜在语义结构来表示词条和文本，捕捉并量化了这种语义关系。同时，其克服了传统关键词匹配中存在的同义词、多义词的现象②。需要强调的是，LSA 中的奇异值分解（SVD）不是将词条表示在可视空间中的必要步骤。

潜在语义分析通过奇异值分解的办法进行降维，将高维的向量空间投影到潜在的语义空间中，每一个维度就是文本集的一个潜在语义维，词条通过空间邻近关系在语义维附近实现空间聚类。本书不使用奇异值分解进行降维，主要有以下几个原因：

一是潜在主题可视化中只需要词条的空间关系。

---

① 徐戈，王厚峰．自然语言处理中主题模型的发展 [J]．计算机学报，2011，34（8）：1423-1436．

② 林鸿飞，姚天顺．基于潜在语义索引的文本浏览机制 [J]．中文信息学报，2000，14（5）：49-56．

第 3 章　潜在主题可视化的基本原理和流程

奇异值分解通过降维，提取出一个 k 维的语义空间，在同一个空间中比较词条-词条、词条-文本、文本-文本之间的相似度，通过它们在语义空间的距离来衡量相似性。本书使用转置后向量空间中词汇向量的邻近性来呈现潜在主题，不需要词条-文本、文本-文本之间的语义关系。

二是使用奇异值分解进行降维，会带来很大的信息损耗，影响后续的可视化效果。

LSA 通过奇异值分解，提取出 k 维的语义空间，在保留大部分信息的同时使 k<<min（m，n），用低维词条、文本向量代替原始的向量空间。表面上看，数据的稀疏性掩盖了隐藏其中的语义信息和语义结构，经过奇异值分解，去除了哪些不重要的语义信息，在一定程度上减少了数据的稀疏性带来的影响，但却是以牺牲信息量为代价的。而且，奇异值分解只能在满足一定阈值的情况下无限逼近原始矩阵，但在实际操作中，仍然会损耗大量的语义信息。

LSA 使用奇异值分解对原始词条-文本矩阵进行降维的另一个目的是减少存储空间，提高信息检索的效率。在知识发现中，由于开放式编码方法的引入，存储空间和计算效率是相对固定的，不需要通过奇异值分解缩小分析对象的规模。

而在潜在主题可视化的后续步骤，进行多维尺度分析时，同样需要对输入矩阵进行特征值分解，而这会损耗一定的信息。所以，我们希望在进行可视化之前，尽可能保留更多的语义信息。我们将使用多维尺度分析对相似性矩阵进行降维，这个过程也会丢失一部分语义信息。表 3-3 对潜在主题可视化与潜在语义分析的降维手段进行了比较。

表 3-3　潜在主题可视化与潜在语义分析的降维手段比较

名称	降维手段	应用领域
潜在语义分析（LSA）	奇异值分解	信息标引、信息检索
潜在主题可视化	开放式编码、特征值分解	文本挖掘、知识发现

3.2 MDS 可视化与潜在主题的挖掘和展示

三是潜在主题可视化方法的流程中将包含降维和消除噪音的步骤。

对于信息检索来说，奇异值分解的办法在一定程度上消除了三种噪音的负面影响：同义词、多义词、稀疏矩阵。对于潜在主题可视化来说，同义词、多义词的问题可以放在数据清洗、数据标准化和开放式编码的过程中解决。由于开放式编码方法的引入，每一个矩阵的词条规模在 100 个左右，因此，同义词、多义词的判断可以转为简单的人工识别。值得一提的是，在可视化的空间中保留同义词，一定程度上可以反映出词汇的多元结构，使用原始矩阵可以最大程度保留潜在的语义信息。

在对潜在主题进行可视化的过程中，可以用更简单的办法消除稀疏性矩阵带来的负面影响。比如设立阈值，删除不含目标高频词的文本或含目标高频词数量低于某个数字的文本。这种方法比奇异值分解中使用多轮实验选择和设置 k 值，更容易控制，更方便操作，同样也可以消除语义表达中的"噪音"（词语罕见或者不重要的用法含义），减少原始矩阵的稀疏性带来的影响。具体的操作可以参见 3.3.2 节。通过设立阈值，删除低频的文档向量，解决矩阵的稀疏性带来的问题。

3.2.2 MDS 用于潜在主题可视化的优势

信息可视化，就是利用计算机支撑的、交互的、对抽象数据的可视表示，来增强人们对这些抽象信息的认知[1]，它通过把海量的数据转化成图形、图像等直观的形式让人们更容易观察、分析和理解数据，并找到数据中隐藏的关联和规律。McCormick 将可视化定义为：可视化把符号信息转换为几何信息，提供了一种方法去发现一些原本观测不到的信息，丰富了科学发现的过程，能得到深刻

---

[1] 杨峰, 周宁, 吴佳鑫. 基于信息可视化技术的文本聚类方法研究 [J]. 情报学报, 2006, 24 (6): 679-683.

的、意想不到的新知识和新观点①。

使用可视化技术，把高维空间中的信息投影到二维或者三维的可视空间里，观察并分析研究对象之间的语义关系，直观地呈现研究对象的主题构成；当对象被划分到不同的类团中，更可以从全局上观察类团之间的联系。有的信息可视化技术还提供人机互动的接口，用户可以调整观测的角度，寻找自己最感兴趣的空间关系。

作为信息可视化技术的典型代表，MDS可以被用来揭示抽象对象之间的关系，展示对象的空间聚类情况，帮助人们在有效的、直观的可视环境中探索和发现信息，理解复杂数据集里的趋势，揭示数据集潜在的、复杂的模式。

多维尺度分析方法由Torgerson② 提出，Kruskal对它进行了扩展③④。由于多维尺度分析方法可以基于对象之间的邻近性来揭示对象间隐含的关系，揭示被调查对象之间的关系和联系，使其被用于信息研究的诸多领域，比如文献共被引分析⑤、期刊共被引分析⑥、

---

① McCormick B. H.. Visualization in Scientific Computing [J]. *Computer Graphics*, 1987, 21 (6): 1-14.

② Torgerson W. S.. Multidimensional Scaling: I [J]. Theory and Method. *Psychometrika*, 1952 (17): 401-419.

③ Kruskal J. B.. Multidimensional Scaling by Optimizing Goodness of Fit to a Nonmetric Hypothesis [J]. *Psychometrika*, 1964 (29), 1-27.

④ Kruskal J. B.. Nonmetric Multidimensional Scaling: A Numerical Method [J]. *Psychometrika*, 1964 (29) 115-129.

⑤ York J., Bohn S., Pennock K., etc. *Clustering and Dimensionality Reduction in SPIRE* [C]. In AIPA Steering Group (Eds.), Proceedings of the Symposium on Advanced Intelligence Processing and Analysis. Washington, DC: Office of Research andDevelopment, 1995: 73.

⑥ Hakanen E. A., Wolfram D.. Citation Relationships Among International Mass Communication Journals [J]. *Journal of Information Science*, 1995, 22 (3): 9-15.

3.2 MDS 可视化与潜在主题的挖掘和展示

学科共被引分析①以及网页共被引分析②③。MDS 方法已经被用于解决健康信息学中的问题，比如 McCormick B. H. (1987)④ 通过研究健康信息门户中（Obesity、Diet、Weight、Fat、Food）5 类词，来解释用户在肥胖方面的检索行为；有学者⑤在 MDS 的可视空间中对（Stomach、Hip、Stroke、Depression and Cholesterol）5 个词和它们的相关词汇进行聚类。

对于潜在主题可视化而言，MDS 可以在空间图中把具有内部关联的词语聚类为人们可以直接观测的主题类团，达到提取文本集中潜在主题的目的。通过引入开放式编码的方法和构建不同的输入矩阵，MDS 还可以进行不同层次和不同深度的主题划分，发现主题之间的关联以及关联的强弱程度，允许用户在不同的观察距离上观察主题的内容构成，并解释词条从属于某个潜在主题的原因。

不仅如此，MDS 还具有以下优势：

①对原始数据集的数据分布规律没有限制和要求。被研究的数据不需要满足正态分布等统计分布，MDS 还适用于顺序数据、间隔数据及比率数据等各种测度类型的数据。因此，可以采用不同的特征表示方法提取文本集的特征，并进行比较。

②允许用户根据自己的兴趣点，在不同深度上观察主题的内容。MDS 生成的空间图让用户可以很快寻找到自己感兴趣的主题，在可视空间中放大他感兴趣的主题，并聚焦到主题的内部观察主题

---

① Small H., Garfield E.. The Geography of Science: Disciplinary and National Mapping [J]. *Journal of Information Science*, 1985 (11): 147-159.

② Thelwall M.. *An Initial Exploration of the Link Relationship Between UK University Web Sites* [C]. ASLIB Proceedings, 2002, 54 (2): 118-126.

③ Vaughan, L. Visualizing Linguistic and Cultural Differences Using Web Colink Data [J]. *Journal of the American Society for Information Science and Technology*, 2006 (57): 1178-1193.

④ Zhang J. and Wolfram D.. Visual Analysis of Obesity-related Query Terms on Health Link [J]. *Online Information Review*, 2009, 33 (1): 43-57.

⑤ Zhang J., Wolfram D., Wang P., etc. Visualization of Health Subject Analysis Based on Query Term Co-occurrences [J]. *Journal of the American Society for Information Science and Technology*, 2008, 59 (12): 1933-1947.

的构成和规律。用户可以依据个人对该领域的认识与了解程度,从熟悉或感兴趣的主题方向出发,获得需要的知识。

③为知识发现提供了一种交互的方式,它的空间显示使人们可以从多个角度观察对象之间的关系,超越了传统统计方法所能做到的事情。用户不仅可以从全局观察主题之间的联系,还可以调整观测角度,结合文本集的内容,从多个侧面寻找并解释目标主题与邻近主题的关系。

另外,MDS 还具有操作简便、显示直观、便于分析、修改手段灵活等尽量方便用户使用的特点。很多商业软件如 SPSS,非商业软件如 XGvis[①]、NovoSpark、VISTA、Graphis 等都包含 MDS 的功能模块。

由于这些独特的优势,MDS 尤其适合用于挖掘和展示文本中的潜在主题。

3.3 潜在主题可视化的基本流程

本小节构建了潜在主题可视化的方法流程,阐明了各个步骤的基本原理和作用。

3.3.1 潜在主题可视化的总体思路

本书提出的潜在主题可视化拟使用多维尺度分析,引入数量积矩阵,利用特征值分解的方法对词条在转置向量空间中的邻近关系进行降维,可应用于文本挖掘、文本可视化、知识发现。

词条被表示在转置的向量空间中,其特征和属性被包含在词条-文本矩阵中,这是一个高维空间,每个维度是一个文本向量,

---

① Buja A., Swayne D. F., Littman, M. L., etc. XGvis:Interactive Data Visualization with Multidimensional Scaling [J]. *Journal of Computational and Graphical Statistics*, *Tentatively Accepted*, 2001.

3.3 潜在主题可视化的基本流程

转置的向量空间的维数等于文本集中文本的数量。

要实现可视化，必须进行降维处理。潜在主题可视化需要在尽可能保持原有拓扑结构的基础上，把文本集的内容投影到三维的可视空间中，进而通过类团划分得到潜在主题。实现这个目的，需要一系列的实施步骤。

潜在主题可视化的基本思路如图 3-6 所示。第一，要用转置的向量空间模型来表示词条，把自然语言转化成计算机可以处理的定量形式，转置的向量空间对应的矩阵形式是词条-文本矩阵。第二，需要提取出词条在高维向量空间中的邻近关系，这一步可以通过基于角度的、基于距离的邻近关系计算等方式来实现，并获得词条间邻近关系的矩阵表示。第三，通过 MDS 模型把词条在高维空间中的邻近关系投影到人们可以看到的三维空间中。第四，具有空间邻近关系的词条聚类成一个个类团，这些类团就是文本集里的潜在主题。

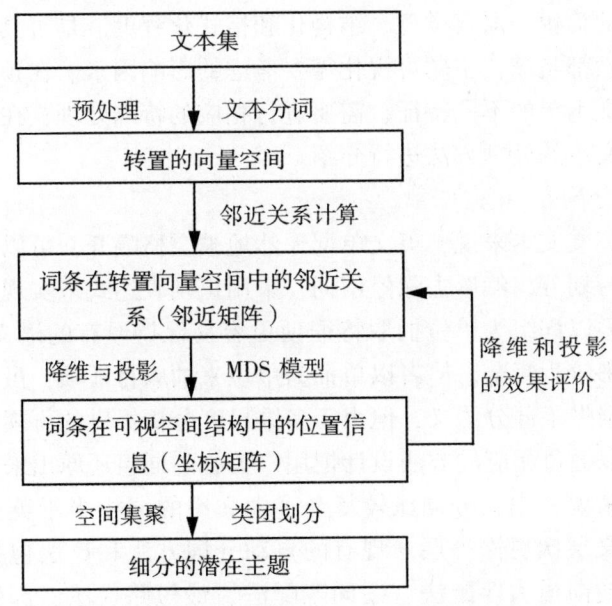

图 3-6　潜在主题可视化的总体思路

3.3.2 文本分词和预处理

潜在主题可视化的第一步是根据研究目标确定需要分析的目标文本集。这一步骤是根据具体的需求，从原始文本数据库中抽取并汇总成与文本挖掘任务有关的源文本数据的过程。该步骤可以缩小处理范围，提高文本挖掘的质量。源文本数据的内容质量直接影响知识发现的有效性。不仅依赖于文本挖掘要求本身以及一些通用的知识，也依赖于文本挖掘算法所应用的具体领域的专家经验和知识。

获取目标文本集之后，需要对其进行预处理，才能保证潜在主题可视化的效果。预处理的主要目的是提取文本集的特征和强化特征表示的语义属性。特征提取和属性强化的步骤包括文本分词、数据清洗、同义词合并、低频词去除、扎根理论中的开放式编码，最后生成词条-文本矩阵，作为潜在主题可视化的输入数据。

文本的篇幅、语言类型、结构化和格式化程度、是否具有网络属性等因素都是潜在主题可视化需要考虑的影响因素。在预处理阶段，根据文本集的不同特征，需要进行相应的特殊处理，在本节中会对不同文本的处理方法进行介绍。

（1）分词

对于英文文本来说，英文单词天然地被空格隔开，可以按空格对单词进行划分，然后去除停用词，采用正则表达式来实现。对于英文来说，以词组为单位抽取特征项更容易保持原有的语义结构，但实现起来较为复杂。笔者以单词为单位来抽取特征项，虽然在抽取的时候损失了部分语义，但由于多维尺度分析提供的可视化聚类功能，可以通过相应的方法设计把用户关心的词组还原出来。

相对来说，中文分词比较复杂，中文中的词相当于英文中的词组，语义层次更深一层。现有的自动分词方法和算法包括最大匹配法、逆向最大匹配法、逐词匹配法、最短路径法、部件词典法、词频统计法、设立标志法、并行分词法、词库划分、高频优

3.3 潜在主题可视化的基本流程

先分词法、联想回溯法、双向扫描法、邻接约束法、语境相关法等①。

对某一领域、某一大主题的文本集进行潜在主题可视化，需要根据不同领域文本的特点，选择合适的中文分词方法。本书中可以用到的分词法包括：最大匹配法（Maximum Matching Method）、逆向最大匹配法（Reverse Maximum Method）、双向匹配法（Bi-direction Matching Method）、最佳匹配法（Optimum Matching Method）、联想-回溯法（Association-backtracking Method）、最短路径法（最少分词法）、高频优先分词法，等等。

（2）停用词过滤

在"噪音去除"的过程中，去除停用词是一种常见策略，用来过滤无用的关键词，减小文献中被索引词条的大小，既有助于降低特征空间维数，又能消除部分噪音，提高后期处理的正确率和精确性。

分词后，往往得到大量的词汇，在文档集上的所有词汇上进行分析是一件计算量相当大的工作，同时很多无意义的助词、虚词会因为作者的使用习惯被抽取出来，这样会给抽取结果带来很多无意义的结果。因此，生成候选词集的第一步应当去除停用词，保留有意义的实词。

自然语言中，存在很多对文本主题来说意义不大却出现频次很高的词汇，在文本挖掘中，应该作为停用词被过滤掉。这些词在计算相似度或者训练模型求参数的过程中会引入很大的误差，可以看做一种噪音。比如在英文中，"the, of, and, to, for"等英文单词几乎出现在任何一篇英文文本中，但是它们对这个文本所表达的意思几乎没有任何贡献，更多的作用在于语法上。而一个文本的内容主要是通过动词、名词、形容词等实词来体现的。因此，非常有必

---

① 孙道军. 文本挖掘预处理相关基础技术分析与应用研究 [D]. 北京：北京邮电大学，2008.

第3章 潜在主题可视化的基本原理和流程

要将这些停用词从原始的文本中过滤出去,这个过程即称为停用词过滤①②。

对于潜在主题可视化来说,停用词表应该包括功能词和通用词。

功能词又叫结构词,是指没有单独完整的词汇意义,或者是包含语义内容很少的词。常见的有代词(she, that, her, it, what)、数词(one, two, third)、冠词(a, an, the)、助动词(can, would, have, do)、介词(to, with, in, at, for)、连词(but, not, or, and)。功能词通常发挥句法构建的作用,对于衔接句子、表达清楚句子内部乃至整篇文字的逻辑关系,有重要作用。但是,对于本书的潜在主题可视化没有作用,甚至会带来干扰。

通用词不是语法词和关联词,而是在特定主题域中出现频率极高的关键词。对于文本分析来说,这些词因为太常用而失去了表征意义。通用词里面还应包括主题停用词,在文本集里,几乎每个文档都与这些关键词有关,所以它们不能作为索引词条。例如,在讨论上市公司风险的文本集里,每一个文本或者每一个抽取出来的主题都跟"风险"这个词有关,有必要对这一类的主题词作为停用词过滤。这种词也叫做主题停用词,具有情景依赖的特性,比如在上市公司风险因素的文本中,"风险"是停用词,在其他领域的文本集中,它就不是停用词。

(3)词根还原(词干化)

词根还原主要针对英文单词,因为英文单词在不同时态、不同单复数情况下的形式并不一致。将一个单词的不同形式作为不同词条进行处理,势必会影响可视化的准确性。

词根还原是指将词的词缀删除,保留单词的原形,也叫词干化,比如"compete"是词干,它的不同形式有"competes"、

---

① 孙爽. 基于语义相似度的文本聚类算法的研究[D]. 南京:南京航空航天大学, 2007.

② Fox C. *A Stop List for General Text*. SIGIR Forum, 1989, 24(1-2):19-21.

"competitor"、"competition"、"competing"、"competed"①。词根还原的内容包括：名词复数去除、动词时态转换、动词第三人称转换等②。

(4) 低频词去除

通过设立阈值，在潜在主题可视化的环节中进行低频词去除，在一定程度上实现"噪音"的消除，减少原始矩阵稀疏性带来的影响。根据实际观察，文本分词之后，词频非常低的词条基本上属于拼写错误、罕见单词等没有任何意义的词条，删除以后对同义词合并环节基本上没有影响。

对于英文文本集来说，分词之后还需要进行同义词合并，很多表达同一语义的同义词、近义词在经过合并之后，会得到较高的词频。因为同近义词的存在，可以分多次提出低频词，第一次低频词去除时应设立非常低的阈值，更多地保留原始语义。同义词合并之后，可以提高阈值。这里的阈值需要根据文本集的特点，经过数次实验才能确定。

3.3.3 词条在转置向量空间中的表示

文本的形式化表示是一个基本而又非常重要的问题。需要将文本从无结构的原始形式转化为计算机能够理解的结构化形式，将文本表示为某种方便机器处理的数学模型。目前信息处理领域主要采用的是向量空间模型。

这种方法被称为"朴素"(Naive)的方法或"词袋"模型(Bags of Words)。统计出每个单词在每篇文本中出现的频率是算法建模的基础，统计所有单词在所有文本中出现的频率就得到了"文本-词条"的词频统计矩阵。将基于自然语言的难以用数字来描述的文

---

① 陆建江，张亚非，徐伟光等．智能检索技术［M］．北京：科学出版社，2009：4．

② 孙建军、成颖等．信息检索技术［M］．北京：科学出版社，2004：166．

本信息表示为数学的矩阵形式,可以根据矩阵的运算来进行文本的处理[①]。

在向量空间模型中,经常使用 TF-IDF 方法来表示词条的权重,区分词条对于文本的重要性,有助于加强同类文本的相似性和不同类文本的差异性,使文本容易区分。由于 TF-IDF 方法认为词的文档频率越低,重要性和区分度越高,而在本研究中需要呈现一组词在大量文档里的集聚效应,才能产生统计规律,词在不同文档中的分布不是越少越好。因此,TF-IDF 方法在本研究中并不适用。

本研究使用转置的向量空间来表示词条,矩阵形式是"词条-文本矩阵"。采用绝对词频表示法,使用单词在文本中出现的次数作为文本向量中对应分量上的值。因为除了停用词、通用词、虚泛词和功能词以外,词频高低反映的就是词在全文中的重要性。

假设文本集合为 $D=\{d_1, d_2, \cdots, d_n\}$,词条集合 $T=\{t_1, t_2, \cdots, t_m\}$,表示所有出现在 D 中的单词集合。用 $tf(t_i, d_j)$ 表示单词 t_i 在文本 d_j 中出现的次数。使用绝对词频表示法时文本 d_j 可以表示为向量:$td_j = [tf(t_1, d_j), tf(t_2, d_j), \cdots, tf(t_m, d_j)]$。

3.3.4 邻近关系的计算与提取

向量空间中邻近性的计算主要有两类:基于角度的邻近,比如夹角余弦的计算;基于距离的邻近,比如欧几里得距离、明考斯基距离。另外,某些经典的相似性计算方法也可以用来计算词条的邻近关系。

不同的文本集有不同的数据特征,需要针对性地选择计算方法,下面是本研究用到的邻近性计算方法。

(1)基于夹角余弦(Cosine)的邻近性计算方法

空间几何中夹角余弦可用来衡量两个向量方向的差异,这个性

---

① 林洋港. 概率主题模型在文本分类中的应用研究 [D]. 合肥:中国科学技术大学,2009.

质同样可以被用来描述向量之间的邻近关系。基本的二维空间中，两个向量 A（a_1, a_2）和 B（b_1, b_2）之间的夹角余弦函数公式为：

$$\cos\theta = \frac{a_1 b_1 + a_2 b_2}{\sqrt{a_1^2 + a_2^2} \times \sqrt{b_1^2 + b_2^2}} \quad (3.3)$$

对于 $x = (a_1, a_2, \cdots, a_i, \cdots, a_n)$ $y = (b_1, b_2, \cdots, b_i, \cdots, b_n)$

它们之间的距离也可以用类似于夹角余弦的概念来衡量。其公式表达为：

$$\mathrm{Proximity}(x, y) = \frac{\sum_{i=1}^{n} a_i b_i}{\left(\sum_{i=1}^{n} a_i^2 \times \sum_{i=1}^{n} b_i^2 \right)^{\frac{1}{2}}} \quad (3.4)$$

夹角余弦取值范围为 [-1, 1]。夹角余弦值越大表示两个向量之间的夹角越小，这两个向量越相似；夹角余弦值越小表示两向量的夹角越大，则两个向量差异越大。当两个向量的方向重合时，其夹角为 0 而夹角余弦值为 1，此时代表这两个向量完全相同；本研究中余弦最小值为 0，即两个向量之间呈 90°夹角，此时表示两个向量完全不相关。

（2）基于距离（Distance）的邻近性计算方法

Minkowski 距离的定义如式（3.5）：

$$d_{AB} = \sqrt[k]{\sum_{i=1}^{n} (a_i - b_i)^k} \quad (3.5)$$

如果 $k=1$，该公式则被称为曼哈顿距离或汉明距离。

如果 $k=2$，就是欧几里得距离，也即在邻近关系计算中最常用、最易于理解的一种距离计算方法，源自欧氏空间中两点间的距离公式。

二维平面上两点 A（a_1, a_2）与 B（b_1, b_2）间的欧氏距离：

$$d_{AB} = \sqrt{(a_1 - b_1)^2 - (a_2 - b_2)^2} \quad (3.6)$$

对于 $x = (a_1, a_2, \cdots, a_i, \cdots, a_n)$, $y = (b_1, b_2, \cdots, b_i, \cdots, b_n)$

$$d_{AB} = \sqrt{\sum_{i=1}^{n}(a_i - b_i)^2} \tag{3.7}$$

基于 Minkowski 距离的邻近性计算公式为：

$$\text{Proximity}(x, y) = \frac{1}{d_{AB}} = \frac{1}{c \times \sqrt[k]{\sum_{i=1}^{n}(a_i - b_i)^k}} \tag{3.8}$$

基于欧几里得距离的邻近性计算公式为：

$$\text{Proximity}(x, y) = \frac{1}{d_{AB}} = \frac{1}{c \times \sqrt[2]{\sum_{i=1}^{n}(a_i - b_i)^2}} \tag{3.9}$$

在公式（3.8）和（3.9）中，常数 $c>1$。

3.3.5 MDS 降维和投影

上文中介绍了空间邻近关系的计算方法。通过计算向量空间中词条向量之间的邻近关系，原始的 $m*n$ 的词条-文本矩阵通过计算，被转换为 $m*m$ 的邻近矩阵。这个邻近矩阵仍然是高维的数据，原始的 $m*n$ 的词条-文本矩阵，被转换为 $m*m$ 的邻近矩阵。这个邻近矩阵仍然是高维的数据，是不可见的，对用户来说不具有几何上的观测意义，必须选择合适的降维手段把向量空间中高维的邻近关系投影到人们可以观测的二维或三维可视空间里，并最大程度地保留原有数据的拓扑结构。

多维尺度算法可以将高维向量空间中词条的邻近关系投影到二维或三维可视空间里。

使用 MDS 算法对邻近矩阵 $M_{n \times n}$ 进行降维和投影的步骤如下：

①给定词条的邻近矩阵 $M_{n \times n}$。

②计算 $M_{n \times n}$ 的平方 $M_{n \times n}^2$。

③使用双中心测量的方法（Double Centering Method）[1] 生成

---

[1] Borg I., Groenen P.. *Modern Multidimensional Scaling*: *Theory and Applications* [M]. New York: Springer-Verlag, 2005.

3.3 潜在主题可视化的基本流程

的数量积矩阵（scalar product matrix）$B_{n \times n}$。

④确定可视空间的维数 m（$m=2$ 或 3）。

⑤计算 $B_{n \times n}$ 的特征值和特征向量，选择前 m 个最大的特征值及对应的特征向量，定义 Q_m 为 $B_{n \times n}$ 的 m 个特征向量组成的矩阵，定义 $\wedge_m$ 为 $B_{n \times n}$ 的 m 个最大特征值构成的对角线矩阵。

⑥使用等式 $X_{n \times m} = Q_m \wedge_m^{1/2}$ 生成低维空间中的坐标矩阵 $X_{n \times m}$。

⑦将坐标矩阵 $X_{n \times m}$ 表示的词条投影在 m 维的可视空间中的位置。

该算法的输入数据是词条的邻近矩阵 $M_{n \times n}$，输出数据是词条在低维空间中的坐标矩阵 X，多维尺度算法的核心贡献在于通过引入数量积矩阵、计算数量积矩阵的特征值和特征向量，将高维度向量空间中词条的邻近关系转换成了低维度的坐标矩阵，投影到可视空间，并尽可能地保留了原始邻近关系的拓扑结构。

下面，对数量积矩阵的使用、特征值和特征向量的计算方法进行简要描述。

（1）数量积矩阵 $B_{n \times n}$

双中心测量的方法（Double Centering Method）定义的数量积矩阵 $B_{n \times n}$ 是一个中间矩阵，它通过以下等式（3.10）和（3.11）连接了词条的邻近矩阵。

$M_{n \times n}$ 和最终的低维坐标矩阵 $X_{n \times m}$，其中，n 是词条的数量，m 是可视空间的维数。

$$B_{n \times n} = X_{n \times m} \times X'_{m \times n} \qquad (3.10)$$

$$B_{n \times n} = -\frac{1}{2} J_{n \times n} \times M_{n \times n}^2 \times J_{n \times n} \qquad (3.11)$$

公式（3.12）中构造了一个新矩阵 $J_{n \times n}$

$$J_{n \times n} = I_{n \times n} - 1 \times 1' \times \frac{1}{n} \qquad (3.12)$$

其中，$I_{n \times n}$ 是个单位矩阵，所有对角线上的元素都为 1，其他元素都为 0。1 是一个 n 维列向量，它里面所有的元素值都等于 1，1' 是它的转置矩阵。

$$I = \begin{pmatrix} 1 & 0 & \cdots & 0 \\ 0 & 1 & \cdots & 0 \\ \cdots & \cdots & \cdots & \cdots \\ 0 & \cdots & 0 & 1 \end{pmatrix} \quad (3.13)$$

$$1 \times 1' = \begin{pmatrix} 1 & 1 & 1 & 1 & 1 \\ 1 & 1 & 1 & 1 & 1 \\ \cdots & \cdots & \cdots & \cdots & \cdots \\ 1 & 1 & 1 & 1 & 1 \\ 1 & 1 & 1 & 1 & 1 \end{pmatrix} \quad (3.14)$$

根据以上公式，代入词条的邻近矩阵 $M_{n \times n}$，可以得到矩阵 $B_{n \times n}$。

（2）数量积矩阵 $B_{n \times n}$ 的特征值分解

在计算坐标信息 $X_{n \times m}$ 的步骤中需要计算数量积矩阵 $B_{n \times n}$ 的特征值和特征向量，其计算方法如下：

定义①设 $B_{n \times n}$ 是 n 阶方阵，若有数 λ 和非零向量 x，使得

$$Bx = \lambda x \quad (3.15)$$

称数 λ 是 B 的特征值，非零向量 x 是 B 对应于特征值 λ 的特征向量。

由 $Bx = \lambda x$ 得 $(B - \lambda I)x = 0$，并且由于 x 是非零向量，故行列 $|B - \lambda I| = 0$ 式，即

$$\begin{vmatrix} b_{11} - \lambda & \cdots & b_{1m} \\ \vdots & \ddots & \vdots \\ b_{m1} & \cdots & b_{nn} - \lambda \end{vmatrix} = 0 \quad (3.16)$$

公式（3.16）称为 B 的特征方程，由此可解出 n 个根 λ_1，λ_2，$\cdots$，λ_n（在复数范围内），这就是 B 的所有特征值。

根据某个特征值 λ_i，由线性方程组 $(B - \lambda_i I)x = 0$ 解出非零解 $x = p_i$，这就是 B 对应于特征值 λ_i 的特征向量。

（3）计算词条的坐标信息 $X_{n \times m}$

---

① 同济大学数学系. 工程数学——线性代数（第五版）[M]. 北京：高等教育出版社，2007：117-121.

3.3 潜在主题可视化的基本流程

矩阵 $B_{n \times n}$ 是 $n \times n$ 的方阵。可以通过线性转换，对方阵进行特征分解，分解成特征值和特征向量。并有

$$B_{n \times n} = Q_m \wedge_m Q'_m \qquad (3.17)$$

在公式（3.17）中，Q_m 是 $B_{n \times n}$ 的 m 个特征向量组成的矩阵，Q'_m 是 Q_m 的转置矩阵，$\wedge_m$ 是 $B_{n \times n}$ 的 m 个最大特征值构成的对角线矩阵。

根据矩阵的性质，有

$$\wedge_m = \wedge_m^{1/2} \wedge_m^{1/2} \qquad (3.18)$$

$$(AB)' = B'A' \qquad (3.19)$$

因此，$B_{n \times n}$ 可以被表示为：

$$B_{n \times n} = Q_m \wedge_m Q'_m = Q_m \wedge_m^{1/2} \wedge_m^{1/2} Q'_m = (Q_m \wedge_m^{1/2})(Q_m \wedge_m^{1/2})' \qquad (3.20)$$

根据公式（3.10）和（3.20），有

$$X_{n \times m} = Q_m \wedge_m^{1/2} \qquad (3.21)$$

这时，已经由公式（3.11）求出 $B_{n \times n}$，对 $B_{n \times n}$ 进行特征分解求得最大特征值及其对应的特征向量，代入公式（3.21），可以得到词条投影在 m（$m=2,3$）维可视空间中的坐标矩阵 $X_{n \times m}$。

3.3.6 潜在主题的表示

至此，在尽量保留原有拓扑结构的前提下，高维向量空间中的词条及词条间的邻近关系结构已经投影到低维的可视空间中，词条用 MDS 空间图中的一个点表示，点的坐标服从坐标矩阵 $X_{n \times m}$。如果词条被投影到三维空间中，具有邻近关系的词条在可视结构中实现了空间聚类，可通过调整对三维空间的观测角度，根据一定的标准，把空间聚类结果划分为不同的类团，每个类团就是一个潜在主题。文本集中的潜在主题就被提取和表示了出来。

3.3.7 潜在主题可视化的效果评价

（1）MDS 降维和投影的质量评价

第3章 潜在主题可视化的基本原理和流程

MDS 属于维度降低技术，组成潜在主题的词条从高维的向量空间中被投影到低维空间中。然而，投影之后，词条在可视空间中的关系不一定能完全代表高维空间中的关系。这种不一致是不可避免的，信息损耗也是客观存在的。MDS 尽可能将这种不一致最小化。这种不一致的程度将由一个张力值（S）函数来表示，如等式（3.22）。

$$S = \left(\frac{\sum_{i=1}^{n} \sum_{j=1}^{n} (P(T_i, T_j) - D(T_i, T_j))^2}{\sum_{i=1}^{n} \sum_{j=1}^{n} (D(T_i, T_j))^2} \right)^{1/2} \quad (3.22)$$

其中，n 是词条的数量，$D(T_i, T_j)$ 是词条 T_i 和 T_j 在低维可视空间中的欧几里得距离，$P(T_i, T_j)$ 是词条 T_i 和 T_j 在低维可视空间中的邻近性。

张力值越小，MDS 降维的损耗越小，结果越可靠；张力值越大，说明 MDS 降维的损耗越大，结果越不可靠。张力值被用来衡量和评价潜在主题可视化的效果和质量，当张力值小于 0.1 时，表示拟合度可以接受；张力值小于 0.05，表示拟合度很好①。

（2）关联词条空间聚类的效果评价

MDS 将词条在高维转置向量空间中的邻近关系投影到三维可视空间，实现了词条的空间集聚，集聚形成的类团就是子类潜在主题。

传统的聚类分析可以用来评价词条的 MDS 空间聚类效果。

聚类分析的类团数目是由人工确定的，令聚类分析的类团数目等于 MDS 空间图中的潜在主题数目，使用聚类分析评价词条空间聚类的方法如公式（3.23）：

$$Consistency = \frac{S_{t_i} \cap S_{c_i}}{S_{t_i}} \times 100\% \quad (3.23)$$

其中，Consistency 是一致性，S_{t_i} 是 MDS 空间图中的潜在主题

---

① Kruskal J. B.. Multidimensional Scaling By Optimizing Goodness of Fit to a Nonmetric Hypothesis [J]. *Psychometrika*, 1964, 29 (1): 1-27.

包含的词条的集合，Sc_i 是聚类分析得到的类团中词条的集合。

3.4 小结与讨论

文本或文本片段的集聚是发现和划分文本主题的重要方法，可以用来发现主题，告诉用户某个给定文本集包含哪些主题以及文本片段的主题归属，但不能用来表示主题，不能直观地呈现主题的语义内容，因为文本片段，乃至自然句都不是表示文本的最小语义单元。因此，有必要将文本单元集聚进行主题发现的粒度细化到词条的层面，词条的集聚不仅可以发现主题，还可以用来表示主题并揭示主题的内容。

词汇集聚理论证明，词条在文本中具有物理上的集聚性，一是关联词条总倾向于出现在同一个文本片段中，二是如果一组词反复出现在不同的片段中，这几个片段很有可能描述的是同一个主题内容。因此，如果能提取文本集中词条之间的集聚特性，把表达同一主题的关联词条全部提取出来，就能用这一组关联词条来表示主题，通过词条集聚发现的主题在本研究中被称为潜在主题。

本研究用转置的向量空间来表示词条，并使用转置向量空间中词条的距离/邻近关系来表示词条的集聚特性，即具有集聚关系的词条在空间中相互邻近。但是，转置向量空间是高维空间，对用户来说不具有几何意义，必须选择合适的降维手段将邻近关系投影到二维或三维的可视空间中。

选择了多维尺度分析（MDS）对转置向量空间中的邻近关系进行投影，计算出词条在三维 MDS 空间图中的位置坐标，在尽可能保留原有拓扑结构的前提下，将词条、词条的邻近关系即集聚关系表示在可视的三维 MDS 空间图中。具有集聚关系的词条在 MDS 空间图中同样呈现出邻近关系和集聚特性，形成一个个类团，每一个类团代表和表示了一个潜在主题，代表着集聚的词条集合反映出来的主题语义。

第4章 潜在主题可视化的方法

本章根据潜在主题可视化的基本原理，针对实际应用中可能存在的局限和难点提出解决方案，进一步设计和完善潜在主题可视化的方法流程，试图构建出一套完整的潜在主题可视化方法流程与策略体系。

本章内容安排如下：

4.1 节将扎根理论的思想和部分方法融入进潜在主题可视化中，一是在 MDS 进行降维之前引入开放式编码的环节，二是在得到 MDS 可视化结果之后返回原始文本集进行扎根性分析，对整个可视化流程进行了第一次重塑和优化。其目的是为了突破可视空间只能展示有限个对象的缺点和克服 MDS 空间聚类结果在可解释性、可理解性方面的欠缺。

4.2 节探讨了潜在主题及词条情景依赖的特性，提出了领域情景、主题情景、上下文情景三个层次的情景模型，为可视化方法的改进提供了切入点。目的是进一步寻找改进和优化可视化方法流程的突破口。

4.3 节设计了三个层次的应用方法，分别是：基于邻近矩阵、基于质心邻近矩阵、基于属性叠加邻近矩阵的可视化方法，加入了这些方法以后，完成了对可视化流程的第二次重塑和优化。其目的是为了能在不同观测水平上研究潜在主题、发现同一层次潜在主题之间的关联、解释主题的关联、还原出更多的上下文情景、寻找新的潜在主题。

4.1 扎根理论与潜在主题可视化的融合

4.1.1 潜在主题可视化中的难点

在使用 MDS 可视化方法挖掘文本集合中的潜在主题时,存在两个难点:

一是可视空间的局限性。在潜在主题可视化里,借助 MDS 将所有的词条、子类潜在主题放在三维空间图中进行呈现,由于可视空间(电脑屏幕尺寸)的局限性,不可能把所有的词条、潜在主题放在同一个空间里向用户呈现。反过来说,如果把所有潜在主题及其包含的词条集成在一个可视空间中,也就失去了可视化的意义,削弱了用直观的表示来呈现复杂文本集的优势、丧失了减少人们认知负担的优势。

二是解释可视化结果时的复杂性和模糊性。潜在主题可视化的方法使用转置向量空间表示词条,将线性的、无结构的词条组合表示为方便机器处理的数学模型。这就把质性的文本转换为可定量计算的矩阵形式,但在这个过程中忽略了很多有用的语义信息,可视化图形中的词条本身的含义也有一定的模糊性,这些都增加了解释可视化结果时的复杂性。因此,有必要寻找一种定性的方法,保证可视化结果的正确解释和深入分析。

4.1.2 扎根理论概述

扎根理论是指用归纳与演绎的方法,通过系统全面的资料收集、编码、分析、撰写备忘录等手段,验证已有的理论或发展出新的理论成果①。扎根理论是一种自下而上的方法,最早由 Glaser 和

---

① Glaser B. G., Anselm L. S.. *The Discovery of Grounded Theory: Strategies for Qualitative Research* [M]. Aldine De Gruyter, 1967.

Strauss 在《扎根理论的发现》（*The Discovery of Grounded Theory*）一书中提出。从英文单词的角度来看，"Ground"做名词是指土壤，做动词用是指"使接触地面、建立在某种基础上"，如果把原始资料看成是土壤，就是指建立在资料土壤上的"理论"；而"Grounded"是被动语态，指理论被建立在原始资料的土壤上，是有基础的，换句话说，就是依循扎根理论研究方法建立起来的理论，是将其根基和来源建立在资料之上的①。

扎根理论强调从原始资料入手，把资料缩减、转化、抽象化，从经验资料中抽象出新的理论元素，而不仅仅是对原始资料做经验性描述②。扎根理论有以下两个突出特点：

第一，在资料中构建理论。扎根理论强调从实证资料中获取实质理论，再上升到形式理论，扎根法构建的实质理论可以作为实证资料与形式理论之间的桥梁和中介。"与一般宏大理论不同的是，扎根理论不是对假设进行验证和逻辑推演，而是从原始资料入手进行归纳分析。理论的形成过程是可追溯的、可以回到原始资料中进行定位的、一定是有经验事实作为依据的。"③ 扎根理论使用扎根性的方法发展概念和范畴，为研究者提供了一个发展概念的程序④。

第二，扎根分析是个多轮比较、归纳、总结的过程。比较、归纳、总结贯穿于扎根理论的全过程，多轮地比较、思考、分析将资料转化成概念、将概念聚拢成范畴并归纳出范畴的属性及相互关联⑤⑥。

---

① 范明林，吴军. 质性研究 [M]. 上海：格致出版社，2009：77.

② 文军，蒋逸民. 质性研究概论 [M]. 北京：北京大学出版社，2010：226.

③ 陈向明，林小英，张冉等. 质的研究方法与社会科学研究 [M]，北京：教育科学出版社，2002：328.

④ 文军，蒋逸民. 质性研究概论 [M]. 北京：北京大学出版社，2010：229-231.

⑤ Corbin J. M., Anselm S.. Grounded Theory Research: Procedures, Canons, and Evaluative Criteria[J]. *Qualitative Sociology*, 1990, 13(1): 3-21.

⑥ Charmaz, Kathy. Grounded Theory [J]. *Strategies of Qualitative Inquiry*, 2003(2): 249.

4.1 扎根理论与潜在主题可视化的融合

"Glaser 和 Strauss 将比较的步骤总结为以下几点："根据概念的类别对资料进行比较；对资料进行编码并形成概念，概念越多越好；将概念聚拢成类属，并为每个类属找到属性；对相关的概念类属进行比较、合并，找到概念之间关联的原因；提出粗略的理论，并返回原始资料进行验证和优化；陈述理论，将掌握的资料、概念、类属以及类属之间的关系一层层描述出来。"

扎根理论经常采用参与式观察、问卷调查、专家访谈、田野调查、文献调研来获取原始资料①，其中，文献资料可以包括年鉴、政府工作报告、网络文本等。

在扎根理论中，对原始资料进行逐级编码（登录）是核心环节。编码是指将原始资料分解并赋予概念（Conceptualized）的过程。有三种编码类型：开放式编码（Open Coding）、关联式编码（Axial Coding）、选择式编码（Selective Coding）。

（1）开放式编码

开放式编码的任务是将原始资料打散成代码并赋予概念，将代码用新的方式（概念）重新组合、将概念聚拢成类属的操作过程。第一步是寻找"代码"，这些代码是原始资料中最小的意义单元，代表着登录中最具体、最基本的一类现象，表达着最基本的意义，一般利用原始资料中的词语作为代码；第二步是将代码上升为概念，用概念的形式对代码进行转译，代码可以被看做概念的一个属性或者维度；第三步是将概括类似现象的概念聚拢成类属，这个过程也被称为"范畴化"，用更抽象的名称（抽象程度较高的名词）为类似的一组概念命名，类属的名称可以是原始资料中的词语，也可以由编码者重新命名。

开放式编码是将原始资料概念化、范畴化的过程，其链条如图 4-1 所示。在这个链条中，代码是对原始资料进行编码的最小意义单位，概念是一组相关代码的抽象化，类属是一组相关概念的抽象化。类属一个比较大的意义单位，是建立在许多代码组合、概念组

---

① 文军, 蒋逸民. 质性研究概论 [M]. 北京：北京大学出版社，2010：233.

合之上的一个比较上位的意义集合。这个意义集合代表了原始资料中隐含的一个观点或一个主题。

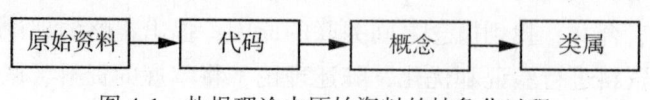

图 4-1　扎根理论中原始资料的抽象化过程

（2）关联式编码

关联式编码，也叫主轴编码，其主要任务是发现和建立概念之间、类属之间的各种关系，以表现资料中各部分的有机联接和逻辑关联。"这些关系可以是：因果关系、时间先后关系、语义关系、情景关系、相似关系、差异关系、对等关系、类型关系、结构关系、功能关系、过程关系、策略关系等。"[1]

（3）选择式编码

选择式编码，也叫核心式编码，指的是在所有已发现的类属中，找到一个具有统领性的、能够将大部分概念类属联系起来的一个核心类属，然后将分析的重点放到核心类属以及与核心类属有关的概念、代码上。

4.1.3　开放式编码技术的引入

针对潜在主题可视化中的第一个难点，可以引入开放式编码的方法，控制可视化界面中对象的数量，实现多层次的可视化。

在潜在主题可视化的过程中引入编码技术，也需要根据不同的情形设计相应的策略。针对不同特征的文本集合，有两种编码策略：

第一种策略是先文本分词，再编码。此种策略适用于完全非结构化的自由文本，比如在线问答、在线跟帖、社交媒体中的消息、

---

[1]　王海宁. 心理学理论建构的新方法——扎根理论［D］. 吉林：吉林大学，2008.

4.1 扎根理论与潜在主题可视化的融合

即时通讯中的聊天记录等构成的文本集，这些文本内容完全不具备文本结构，往往没有标题，甚至没有段落之分。对于这类文本，应该在文本分词之后，使用 MDS 之前，采用开放式编码的方法对文本集中经过规范化处理的所有词条进行分类，形成包含内容较广的类属，每个类属包含一定数量的词条。对于这种策略，开放式编码的对象是词条，任务是将分词得到的词条划分到若干类属中。

第二种策略是先编码，再文本分词。此种策略适合于弱结构化的正式文本构成的文本集，比如创业计划书、上市公司招股说明书等商业文本和项目申报书等科技文本。这类文本篇幅大、文本结构严密，有定义清晰的章节标题，章节标题就标识着文本的子主题，大部分章节标题及其涵盖的内容本身就是一个独立的类属。这种策略中，编码的对象是文本的子标题，根据对子标题编码得到的类属对文本进行划分，对不同类属的子文本集合进行分词，分词的结果就限定在类属中，相当于为类属的所有词条加上了标签，加上了类别信息，第一种方案需要专家的深度参与，编码的工作量更大；第二种方案因利用了文本自带的主题信息，只需要较少的人工编码，编码的工作量较小。

扎根理论认为，类属作为上位的意义集合，代表了原始资料中隐含的一个观点或一个主题①。

本研究中，经过开放式编码得到的类属被称为父类潜在主题。经过开放式编码，得到 r 个类属，即 r 个父类潜在主题，如式（4.1）。

$$\text{Schema} = \{C_1, C_2, C_3, \cdots, C_r\} \quad (4.1)$$

每一个父类潜在主题对应着一个词条-文本矩阵、对应着一个 MDS 空间图。父类潜在主题是对文本集内容的初次分类，得到的是含义比较丰富、包含词条数目较多的主题，是一个上位的概念和意义集合。用父类潜在主题表示文本集，其层次较高、粒度较大。为了在更细的粒度上揭示文本集的语义内容，需要将父类潜在主题

---

① 陈向明. 资料的归类和分析 [J]. 社会科学战线，1999（4）：223-229.

第4章 潜在主题可视化的方法

拆分成若干个细分主题。第 3 章中描述的 MDS 可视化技术可以将父类潜在主题划分为若干个子类潜在主题，每个子类潜在主题包含若干父类潜在主题中的一部分词条。

由于关联词条内在的集聚性，将父类潜在主题包含的词条投影到 MDS 空间图中以后，具有内在关联的词条会在三维可视空间中集聚在一起，表达相同或相似含义的词条呈现出密切的空间邻近关系，词条被自动分配到若干个类团中，每一个类团的词条组合都表达了同一类语义信息，也就是拆分出来的细分主题，称为子类潜在主题。

父类、子类潜在主题是上下位的包含关系，具有明显的层次关系，父类主题可以包含若干个子类主题，子类潜在主题是对父类主题的拆分，由最小语义单元（词条）构成。父类潜在主题即可以看做所有词条的集合，也可以看做其包含的子类潜在主题的集合。

这种层次关系保证了潜在主题可视化可以在不同层次和不同观测水平上观察主题的构成及内部关系。如果 MDS 空间图中呈现的对象是父类潜在主题，用户可以忽略细节的干扰，获得抽象程度较高的整体视图；如果 MDS 空间图中呈现的对象是词条，用户可以聚焦到父类潜在主题的内部，清晰地看到父类主题所包含的子类主题，子类主题所包含的词条及其空间结构。

文本集也可以分别被表示在父类潜在主题、子类潜在主题、词条三个层次之上。

为了清晰地呈现不同信息含量和抽象水平上主题的层次性，不考虑主题之间的交叉关系，可以用图 4-2 来表示主题的层次性。

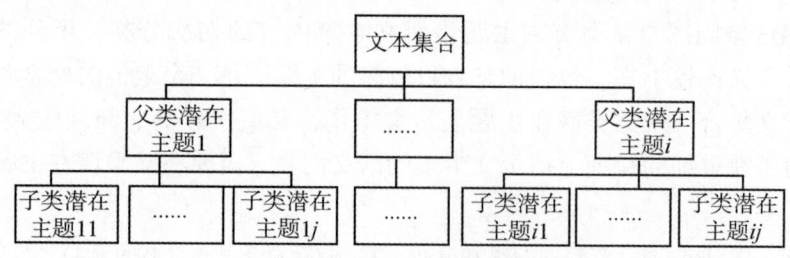

图 4-2　不同抽象水平上主题的层次性

4.1 扎根理论与潜在主题可视化的融合

需要指出的是，编码的技术不仅在扎根理论中被应用，也经常被用于内容分析法。根据编码表或类属形成的阶段不同，编码技术被运用到不同的内容分析法中。如果编码表或类属形成于数据收集的过程中或数据分析之后，这种编码策略在归纳性的内容分析法中经常被采用①②；如果编码表或类属来自与现有理论或文献，这种编码策略在演绎性内容分析法中经常被采用③。

在潜在主题可视化的流程中加入编码技术，好处是控制了可视化界面中的词条和主题的数量，解决了可视化界面只能呈现有限个对象的问题，保证了可视化的效果。同时，开放式编码是一个分类环境，弊端是有可能人为地将属于同一潜在主题的词条拆分到不同的父类主题中。这在 4.3 节的方法设计中可以弥补、找回在开放式编码中被强制拆分的主题内容。

4.1.4 扎根性思想的启示

针对潜在主题可视化中的第一个难点，可以借鉴引入扎根理论的思想，返回原始资料解释潜在主题及其关联。

潜在主题可视化的过程也是一个典型的知识发现的过程。在这个过程中，MDS 把高维的线性文本投影到低维可视空间以后，提供了空间聚类的功能，通过邻近关系判断词条之间的亲疏关系，并进行主题划分，可以清晰地观测到文本集中存在哪些潜在主题、每个潜在主题又包含哪些高频词，观测到潜在主题之间的空间距离、词与词的空间距离，对关联的强弱做出判断，找到有强相关关系的潜在主题的组合，但在 MDS 空间图中并不能看出关联的类型，需要借助扎根性的分析去深入探究。

---

① Mayring P.. *Qualitative Content Analysis* [C]. Forum: Qualitative Social Research, 2000, 1 (2).

② Hsieh H. F., Shannon S. E.. Three Approaches to Qualitative Content Analysis [J]. *Qualitative Health Research*, 2005, 15 (9): 1277-1288.

③ Potter W., Levine-Donnerstein D.. Rethinking Validity and Reliability in Content Analysis [J]. *Journal of Applied Communication Research*, 1999: 258-284.

第4章 潜在主题可视化的方法

扎根理论属于质性研究，强调系统性和程序化的理解式研究，为潜在主题的解释提供了完美的理论和思想基础。扎根分析对潜在主题的深层次理解有以下作用：

①提取出潜在主题及其包含的词条集合以后，可以返回原始资料定位主题内容，去解释潜在主题的真实语义内容，为词条集合提供更丰富的语义情景，让用户可以更深入地理解潜在主题。

②潜在主题可视化发现父类潜在主题之间、子类潜在主题、词条之间的关联之后，返回原始资料去寻找、确认并解释这种关系，进一步探究关联产生的深层次原因，判断具体的关联类型，并进行阐述和拓展，提出一系列问题、观点或者初步假设。

③用户根据兴趣点和研究需要，选择需要重点分析的潜在主题或高频词条，返回原始资料，寻找特殊案例、重点案例进行深入分析。

4.1.5 融入扎根思想和方法的可行性

可以将扎根理论的思想和部分方法引入潜在主题可视化的流程中，解决其面临的难点。

(1)"扎根理论"的研究目的和"文本挖掘与知识发现"的研究目的具有相似性

扎根理论强调从经验资料中抽象出新的理论元素，而不仅仅是对原始资料做经验性描述，而知识发现的研究目的和任务也是从原始数据资料中发现新的、潜在的知识和模式。潜在主题可视化是典型的知识发现方法，可以实现知识归纳与还原、关联知识发现、关联知识解释等功能。

扎根分析构建的是实质理论，而不是形式理论，这正好对应知识发现中强调的潜在有用性。

扎根分析是把资料缩减、转化、抽象化的过程，知识发现也是去除冗余，提炼新的知识模式的过程。

(2) 潜在主题可视化的术语与扎根理论的术语存在单向的对应关系

4.1 扎根理论与潜在主题可视化的融合

如上文所述，为潜在主题可视化加入了编码技术以后，得到了父类潜在主题、子类潜在主题的术语。对于纯文本性的资料分析来说，潜在主题可视化的术语与扎根理论的术语具有一定程度的对应性。

扎根理论在原始资料编码的过程中，需要对代码进行概念化，数据被分解为具体的事件、观念、行为，并用命名来表征它们。命名可以借用已有文献的概念或者使用当事人的原话，也可以由分析者用自己的语言进行命名。而潜在主题可视化在概念的命名方面显得较为刻板，人工对概念命名的余地较小。

词条或短语对应着代码，子类潜在主题对应着概念，父类潜在主题对应着类属（范畴）。这是一个单向的对应关系，反过来则不成立。对原始文本进行分词得到的词条一定是代码，而传统扎根理论中提到的代码不一定要是原始资料中的词条；开放式编码得到的父类潜在主题一定是类属，而传统扎根理论中提到的类属不一定要是本研究中的父类潜在主题；由父类潜在主题细分得到的子类潜在主题一定是概念（或较低层次的类属），而传统扎根理论中提到的概念不一定要是本研究中的子类潜在主题。

在编码的过程中，代码、概念、类属都可以由编码者自由命名，而潜在主题可视化中的代码是原始资料中的词条，通过开放式编码将词条分配到不同的父类潜在主题（类属）中，对词条组合进行归纳并为父类潜在主题命名。再利用词条的集聚特性将父类潜在主题拆分成若干子类潜在主题（概念），再根据子类潜在主题包含的词条对其进行命名，概念的命名是是由一组词条抽象而来。

4.1.6　扎根理论的融入与潜在主题可视化的流程再造

针对第一个难点，通过开放式编码来降低可视空间中对象的数量和规模。开放式编码是将资料分解、比较、概念化和范畴化的过程。通过开放式编码可以使资料大大简化、意义更加突出，为进一

第4章 潜在主题可视化的方法

步挖掘文本的主题，寻找隐藏在文本中的意义打下良好的基础①。

针对第二个难点，扎根理论的思想为潜在主题的解释提供了一条可行的路径。扎根理论注重归纳与演绎、抽象与验证的交替使用，反复比较经验材料并确定其异同及规律所在，因此被称为"定性研究中最为科学的研究方法"②。与严格的量性研究相比，对样本数没有要求，可以使用更为自由的主观经验来判断样本的代表性与价值，这样做既符合科学的逻辑，又保留了质性研究的特色。

本研究从两个层面融入扎根理论的理念和技术，如图4-3所示，一是在多维尺度分析之前，利用扎根理论中开放式编码的方法，形成若干个类属，降低后期可视化处理的规模，锁定分析范围，在一定规模的主题下分析问题，优化可视化的空间效果；二是在多维尺度分析之后，对可视化结果的分析过程中，借鉴扎根理论的思路和方法，返回原始文本语料对感兴趣的目标潜在主题的真实内容进行还原，定位目标词条并寻找目标词条出现的语义情景，并通过文献查阅、专家访谈等方法，解释文本集内潜在主题所代表的真正内容，解释词与词之间具体的语义关联。

4.1.7 潜在主题可视化对扎根理论的流程再造

潜在主题可视化的部分方法和技术也可以反过来服务于扎根理论。

上文提到，潜在主题可视化的术语与扎根理论的术语存在单向的对应关系。当原始资料是文本信息时，可以使用潜在主题可视化的方法将代码聚拢成类属、发现类属之间的关系，并从类属中拆分出概念。

---

① 王海宁. 心理学理论建构的新方法——扎根理论[D]. 吉林：吉林大学，2008.

② 李晓风，佘双好. 质性研究方法[M]. 武汉：武汉大学出版社，2006：67-68.

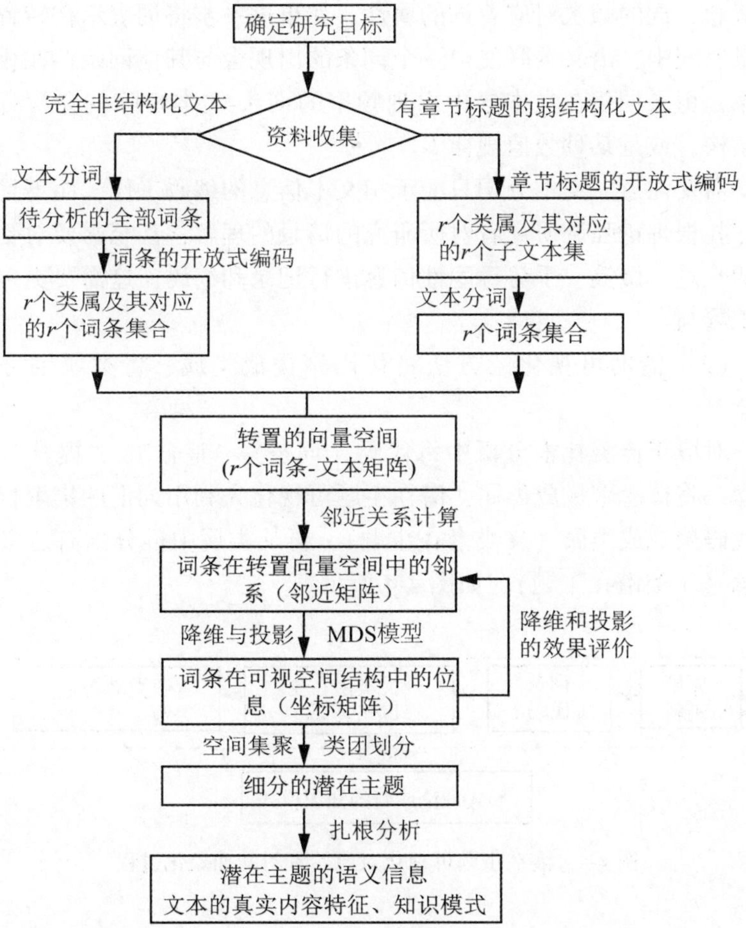

4.1 扎根理论与潜在主题可视化的融合

图 4-3　潜在主题可视化流程的第一次优化

（1）使用文本分词的技术获得原始资料的代码（语义单元）

注意扎根理论对编码的描述，编码的目的是"拆解"、"打散"、"打破"、"揉碎"原始资料，而文本分词恰好是将文本数据拆分成有意义的语义单元，这些语义单元可以是词或短语。不仅如此，扎根理论强调定位"反复出现的"、"数量较多的"、"比较稳定的"、"关键性的"代码和概念，文本分词的词频统计、词性判断、记录位置信息等功能也能有效地统计出高频词。词对应着代码和概念,词的频次对应着词的属性。如果进一步将词表示在转置的向量空间中,语义关联使得一个词条的出现会与其他词条存在相互关系,记录词条在文本集中出现频率的词条-文本矩阵就会含有某些结构,或是某种数值规律①。

需要注意,文本分词只能承担文本信息的编码工作,而不是全部。扎根理论强调研究者对所研究的情景的理解,甚至需要对受访者的叹息、微笑、手势等隐性信息进行记录和编码,这需要更多的人工参与。

(2) 借助可视化的方法将代码聚拢成类属、将类属细分成概念

对应于传统扎根分析中将代码(词条)"整合"、"提升"成概念,将概念聚拢成类属,潜在主题可视化先利用词汇的集聚特性将代码聚拢成类属(父类潜在主题),再从类属中拆分出有意义的概念(子类潜在主题),如图4-4所示。

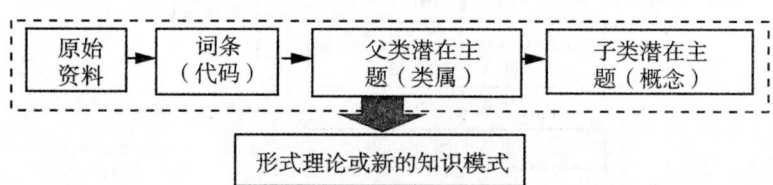

图4-4 潜在主题可视化对原始资料的抽象化过程

文军等②认为,开放式编码、主轴编码与选择式编码并不存在严格的先后次序,可以视为三种不同的编码类型,也可以根据研究需要而打乱次序。因此,先使用开放式编码的方法得到类属,再使用潜在主题可视化的方法把类属拆分成概念是完全可行的。

---

① 冯项云. LSI 潜在语义标引方法在情报检索中的应用 [J]. 现代图书情报技术, 1998 (4): 19-21.

② 文军, 蒋逸民. 质性研究概论 [M]. 北京: 北京大学出版社, 2010: 234.

（3）潜在主题可视化可以从不同层次呈现概念之间、类属之间的关联

在形成实质理论的过程中，扎根分析需要将掌握的资料、概念、范畴以及范畴之间的关系一层层描述出来，尤其是范畴之间的关联方式及其解释。潜在主题可视化恰好可以分层次呈现、解读词与词之间、子类潜在主题之间的关联关系。

在4.3节的方法设计中，将用可视空间中从属于同一潜在主题的词条的质心代表类属，两个类属的空间距离越近，其关系越密切。发现了具有强关联的类属之后，可以将两个或多个类属包含的代码（词条）进行混合，通过潜在主题可视化的方法划分出更多的概念（子类潜在主题）。

潜在主题可视化对类属关系的揭示在一定程度上发挥了关联式编码的作用，将原始资料以更宏观、更整合、更清晰的方式组织起来，实现了高度的抽象和概括。

潜在主题可视化帮助扎根分析获得了尽可能多的概念，发现了类属之间、概念之间的关联，就可以回归到原始资料去确认、验证、揭示和评价这些关联。

经过以上步骤，研究者就可以根据研究目的和兴趣，选择主要的目标类属进行分析，形成初步的理论。在形成理论的过程中，可以在潜在主题可视化提供的空间图中观察到类属包含的概念和代码，发现概念之间、代码之间的语义关联，并不断返回原始资料进行验证和优化，看实际资料是否支持这些关系。

4.2 潜在主题可视化中的情景模型

扎根分析为潜在主题的深度解释提供了思想路径和方法基础，返回原始文本集对可视化出来的潜在主题进行扎根性分析从本质上说，是还原出潜在主题及其包含词条的情景。从语义情景的角度出发，可以为潜在主题的发现和解释寻找方法设计上的切入点。

4.2.1 潜在主题及其词条的情景依赖特性

潜在主题可视化是典型的文本挖掘与知识发现的方法，从这个角度来说，潜在主题、潜在主题之间的关联、潜在主题的词条构成、词条之间的关联是文本挖掘与知识发现的结果。如何对这些结果进行解释，是对主题相关的文本集进行潜在主题可视化之后，需要解决的关键问题，正确、客观地解释这些潜在主题和词条是潜在主题可视化产生实际效果的前提条件和必要保证。

使用第3章的方法和步骤对主题相关的文本集进行潜在主题可视化之后，得到了潜在主题和潜在主题包含的词条，可以返回原始文本对感兴趣的目标主题、目标词条进行扎根性的分析和解释。返回原始文本集解释潜在主题，从本质上说，是为潜在主题、词条寻找和还原更多的背景信息与上下文，即潜在主题和词条出现的情景（Context）。

只有充分考虑潜在主题和词条所处的情景，才能正确理解它们所表达的真实含义。一方面，词的含义具有模糊性，比如"防守"，即可以表达体育运动领域的概念，也可以表达军事领域的概念；再比如"弹性"，单独分析这个词，并不知道它是指物理学中的弹性还是经济学中的弹性。另一方面，词指称的对象不同，词的含义也不同，比如"规模"，即可以是企业规模、也可以是市场规模，还可以是人员规模。

所以，必须将潜在主题或词条放在它出现的情景中进行解释，潜在主题可视化本身就是在特定的情景中对主题关联的文本集合进行知识发现的过程。

4.2.2 潜在主题可视化中的情景模型

在潜在主题可视化中，存在一个三层的情景模型，分别是领域情景、主题情景和上下文情景。这里，以第5章的实证内容为例构建模型，如图4-5所示。

4.2 潜在主题可视化中的情景模型

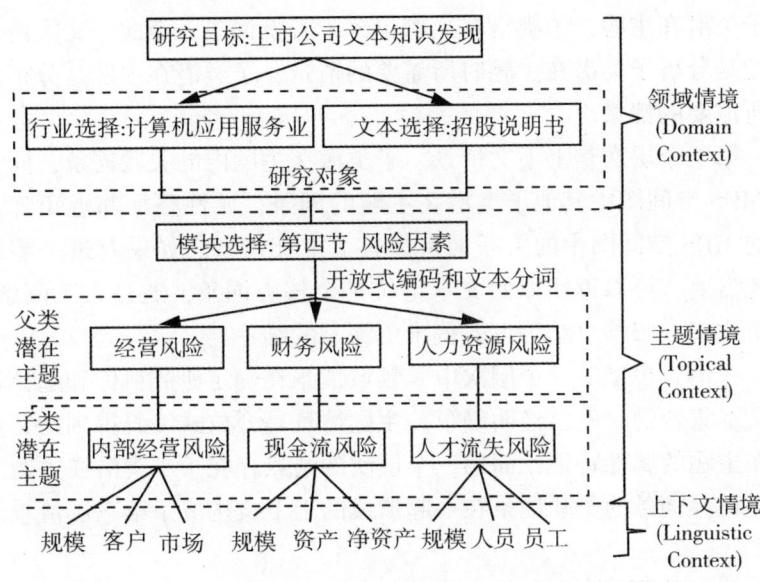

图 4-5 潜在主题可视化中的情景模型

第一个层次是领域情景。领域情景的范围首先来自研究目标的确定，即上市公司文本知识发现；其次来自研究对象的选择，选择计算机应用服务业的上市公司作为实证研究的对象，上市公司有很多类型的文本，比如招股说明书、公告、年报等，这里选择招股说明书作为目标文本集。至此，后续的研究都应当在计算机应用服务业上市公司的招股说明书这个情景下考虑问题。

第二个层次是主题情景。首先，选择招股说明书中用来分析的模块。招股说明书的篇幅很大，模块众多，选择计算机应用服务业上市公司所有招股说明书中的风险因素一节构成目标文本集。接着，就进入了潜在主题可视化的操作环节。这里采用"先编码、后分词"的策略，对目标文本集中的子主题进行开放式编码，共得到市场风险、人力资源风险等十大类风险，这十个类属即本研究中所指的父类潜在主题。对每个父类潜在主题包含的文本片段进行分词，生成词条-文本矩阵，经过潜在主题可视化的其他步骤，得到 MDS 空间图，MDS 空间图中呈现了一个父类潜在主题包含的若干子类潜在主题，子类潜在主题包含了若干词条。至此，父类潜在主题是分析子类潜在主题时所需要的情景，子类潜在主题是分析词条所需要的情景。

第三个层次是上下文情景。子类潜在主题内的关联词条，同一个 MDS 空间图中其他子类潜在主题的词条，属性叠加邻近矩阵得到的 MDS 空间图中的关联词条都有上下文情景。如果有进一步的研究需要，可以返回原始文本定位某个核心词条，通过人工阅读、分析比较、归纳总结等方式得出更深刻的结论。

在情景模型的三个层次中，领域情景在确定研究目标和选择目标文本集合的时候已经明确了，主题情景是开放式编码得到的父类潜在主题的属性特征，而第三个层次的情景存在于子类潜在主题之中，目标词条的关联词条在一起形成的上下文构成了第三层情景。

4.2.3　情景模型的启示

若是以潜在主题可视化的效果最优化为前提，为三个层次的情景加上动词，可以这样叙述：为了增强对潜在主题的解释，需要理解和把握领域情景，需要定位和细化主题情景，需要丰富和完善上下文情景。

借助这个情景模型，一方面，可以深刻理解潜在主题所处的大情景，比如文本集描述的领域、文本集的中心主题，帮助用户理解潜在主题；另一方面，可以从还原、提供更多情景信息的角度出发，在潜在主题可视化的情景模型中，识别出可以进一步丰富和完善的情景层次，寻找设计潜在主题可视化方法的切入点。

更重要的是，该情景模型的设计也为本研究中使用局部词频来表示矩阵中项的权值提供了思想基础和理论依据。在 4.3 节基于邻近矩阵的潜在主题可视化方法中，词条来自于开放式编码得到的父类主题对应的子文本集，词条对象的特征值是词条在子文本集中出现的频次，而不是全文中出现的频次。使用局部词频，可以更好地反映词条的真实含义，因为同一个词条在不同的主题情景下，具有不同的含义。

子类潜在主题包含了目标词条的关联词条，有一部分是直接与目标词条有共现关系的词条，为目标词条提供了一定的上下文。但由于可视化界面的限制，关联词条的规模还不足以让用户可以完全掌握目标词条的上下文情景。

所以，有必要在后续的方法设计中进行以下两方面的细化，一方面，从领域情景出发，构建针对性的应用策略，同时借助扎根性分析的思想去定位和细化主题情景；另一方面，从上下情景出发，通过方法设计为目标词条提供更多的上下文信息。

4.3 潜在主题可视化的方法设计

MDS 算法需要构造 $n*n$ 的输入矩阵，在本研究中是记录词条在转置向量空间中的邻近关系的矩阵，n 是词条的数量。$n*n$ 的输入矩阵来自 $m*n$ 的矩阵，其中矩阵的行（m）代表将在 MDS 空间图中显示的对象（词条），矩阵的列（n）代表对象的属性。

通过构造不同的 $m*n$ 输入矩阵，可以实现多层次的潜在主题可视化方法设计，如表 4-1 所示。表 4-1 也从知识发现的角度阐述了三种方法的作用。

表 4-1　　　　潜在主题可视化的三种方法

$m*n$ 输入矩阵	在知识发现中的功能
邻近矩阵	知识归纳与还原
质心邻近矩阵	关联知识发现
属性叠加邻近矩阵	关联知识解释

4.3.1 邻近矩阵的定义及其在潜在主题可视化中的分析方法

开放式编码之后得到的每一个父类潜在主题都被表示成一个词

条-文本矩阵,其中,行表示词条向量,是 MDS 空间图中显示的对象;列表示文本向量,是对象的属性。C_q 是一个父类潜在主题($0 \leq q \leq r$),可以被表示为等式(4.2),其中,n 是 C_q 中文本的数量,k 是 C_q 中词条的数量,a_{ij} 是矩阵的项,a_{ij} 的值是词 i 在文本 j 中的词频。

$$M_{Cq} = \begin{pmatrix} a_{11} & .. & .. & a_{1n} \\ a_{21} & .. & .. & a_{2n} \\ ... & & a_{ij} & \\ a_{k1} & .. & .. & a_{kn} \end{pmatrix} \quad (4.2)$$

为了使多维尺度分析的结果更可靠,可以通过去除求和低于阈值的列向量来简化 M_{cq}。

根据 3.3.4 节中邻近关系的计算方法,词条-文本矩阵 M_{cq} 被转换成词条-词条的邻近矩阵,如等式(4.3)所示。

$$PM_{Cq} = \begin{pmatrix} b_{11} & .. & .. & b_{1k} \\ b_{21} & .. & .. & b_{2k} \\ ... & ... & & \\ b_{k1} & .. & .. & b_{kk} \end{pmatrix} \quad (4.3)$$

邻近矩阵 PM_{cq} 是一个 $k \times k$ 的对称矩阵(方阵),将其作为输入数据,就可以通过 MDS 算法,在 MDS 空间图中得到包含词条对象、细条对象集聚形成的潜在主题。

在基于邻近矩阵的可视化结果中,可以观察到构成父类潜在主题的若干子类潜在主题及其空间关系,构成子类潜在主题的词条及其空间关系。用户可以对可视化界面进行 360°旋转,从不同的角度观察父类潜在主题内部的空间结构,发现更多的关联;用户可以对可视化界面进行缩放,放大并观察感兴趣的子类潜在主题及其内部结构。

发现了核心词条或目标词条以后,可以借助上文提到的扎根分析的思想,返回原始资料去定位目标词条,寻找其在原始资料中的真正含义,观察目标词条和其他词条的关系,对空间图中词条的邻近关系进行确认和解释,判断语义关联的具体类型。

4.3.2 质心邻近矩阵的定义及其在潜在主题可视化中的分析方法

高维空间中的"质心"（Centroid）可以用来代表整个类目①。质心落位在类目中所有词条的中心位置，将开放式编码得到的类目放在向量空间中，这个质心可以用来代表整个类目的属性。

对于类目 C_q，它的质心可以被定义为等式（4.4）：

$$\text{Centroid\_}M_{Cq} = \left(\frac{\sum_{i=1}^{k} a_{i1}}{k}, \frac{\sum_{i=1}^{k} a_{i2}}{k}, \ldots, \frac{\sum_{i=1}^{k} a_{in}}{k} \right) \quad (4.4)$$

根据公式（4.4）计算所有父类潜在主题的质心，可以得到质心-文本矩阵，对质心-文本矩阵进行邻近关系计算，即可得到质心邻近矩阵。

质心邻近矩阵的定义如等式（4.5）所示：

$$PM_{\text{Category}} = \begin{pmatrix} b_{11} & .. & .. & b_{1r} \\ b_{21} & .. & .. & b_{2r} \\ ... & & & ... \\ b_{r1} & .. & .. & b_{rr} \end{pmatrix} \quad (4.5)$$

这里，r 是开放式编码得到的类属的数目，即父类潜在主题的数目。质心邻近矩阵将作为这一环节中的 MDS 输入矩阵。基于质心矩阵得到的 MDS 空间图中，对象是代表父类潜在主题的质心，属性是由公式（4.4）求得。

邻近矩阵 PM_{cq} 是一个 $k×k$ 的对称矩阵（方阵），将其作为输入数据，就可以通过 MDS 算法，在 MDS 空间图中得到包含词条对象、细条对象集聚形成的潜在主题。在 MDS 空间图中，两个父类潜在主题的空间距离越近，其关系越密切。发现了关系密切的主题

---

① Zhang J., Wolfram D.. Visualization of Term Discrimination Analysis [J]. *Journal of the American Society for Information Science and Technology*, 2001, 52 (8): 615-627.

第4章 潜在主题可视化的方法

之后，可以根据经验提出相应的假设，并设计方案进行验证。4.3.3 节中定义的可视化方法也可以在一定程度上解释潜在主题之间的关联。

在基于质心邻近矩阵的可视化界面中发现感兴趣的父类主题以后，也可以根据研究目的和需要，使用 4.3.1 节的方法，放大目标父类主题，观察细分的子类潜在主题及其空间结构、观察主题的词条构成及其空间结构，子类潜在主题之间、词条之间的空间距离反映了它们背后的语义联系。

构建质心邻近矩阵有以下作用：一是发现父类主题之间的联系以及联系的强弱程度，使得用户可以在较高的观测水平上，得到所有主题的总体结构，聚焦在整体的层面考虑问题，忽略具体的词等细节干扰；二是有助于克服可视化空间只能显示有限个对象的问题，用质心来代表一个潜在主题的所有对象，大大提高了可视化空间的容量，增强了可视空间的可观测性，保证了用户的观测效果；三是解决开放式编码时有可能丢失主题的问题，通过质心邻近矩阵发现相关主题以后，将在后续步骤中设计对相关主题的词条进行混合的方法。用户可以根据研究需要和兴趣驱动，对目标主题进行混合，以发现新的潜在主题。这是一个灵活的操作框架。

4.3.3 属性叠加邻近矩阵的定义及其在潜在主题可视化中的分析方法

借鉴扎根理论的思想，返回原始文本理解和解释潜在主题，为需要深入理解潜在主题的专业人员提供了丰富的情景信息，提供了解释潜在主题和词条的可行路径，但也付出了一定的时间代价。

对于普通用户来说，可视化最大的优点是将大量文本以简洁直观的图形进行呈现，他们缺少对潜在主题进行扎根性分析的动机和精力。因此，潜在主题的可视化结果应该具有自明性。

呈现在 MDS 空间图里的潜在主题中，关联词条集聚在一起，已经为词条提供了最关键的上下文情景，但是还不够，要正确理解潜在主题中的目标词条，还需要更多的上下文信息，否则，可视化

4.3 潜在主题可视化的方法设计

结果的实际意义将大打折扣。

根据 4.2 节定义的情景模型，可以从为寻找更多的关联词条入手为目标词条还原出更多的上下文情景，并设计相应的方法。

这里，设计一个属性叠加邻近矩阵，对不同父类潜在主题的词条进行混合，把父类潜在主题对应的词条-文本矩阵包含的词频属性叠加在一起，生成邻近矩阵，把这个新的邻近矩阵称为属性叠加邻近矩阵。把属性叠加邻近矩阵作为 MDS 的输入矩阵，可以将多个父类主题包含的词条投影在同一个 MDS 空间图中。

从另一个角度看，也需要通过属性叠加邻近矩阵来验证 4.3.2 节中发现的潜在主题之间的关系。在 4.3.2 节中，对质心邻近矩阵进行投影，使我们得以发现父类主题之间的联系。如果 C_q 和 C_s ($1 \leqslant q, s \leqslant r$) 是强关联的两个父类主题，两个主题拥有的词条之间的关联是父类主题存在关联的深层次原因。为了深入探究潜在主题之间的语义关联，揭示强相关主题之间词条的语义联系，有必要对具有强相关的父类主题进行联合分析。另外，具有强关联的两个父类潜在主题可能会共享某些子类潜在主题，而这些子类潜在主题也可能在开放式编码的时候被人为拆散了，属性叠加邻近矩阵则可以还原、找回这些被人为拆散的子类潜在主题。

属性叠加邻近矩阵仍然是一个词条-词条邻近矩阵，这些词来自不同的父类潜在主题。需要注意的是，尽管多个父类主题有强关联，并不意味着 C_q 里面的所有词与 C_s 里面的词都有关联。因此，必须剔除不相关的词和低频词，减少 MDS 空间图中对象的数量。

父类主题 C_q 和 C_s 分别被表示成公式 (4.2) 和公式 (4.6)，行和列分别表示词条向量和文本向量。等式 (4.6) 中，n 是 C_s 中文本的数量，l 是 C_s 中词的数量。

$$M_{C_s} = \begin{pmatrix} a_{11} & .. & .. & a_{1n} \\ a_{21} & .. & .. & a_{2n} \\ & ... & ... & \\ a_{l1} & .. & .. & a_{ln} \end{pmatrix} \quad (4.6)$$

C_q 和 C_s 被合并到一个新矩阵 (4.7) 中。

$$M_{Cq+Cs} = \begin{pmatrix} a_{11} & & & & a_{1n} \\ & .. & .. & & \\ & ... & ... & & \\ a_{k1} & .. & .. & & a_{kn} \\ a_{(k+1)1} & .. & .. & & a_{(k+1)n} \\ & ... & ... & & \\ & ... & ... & & \\ a_{(k+s)1} & & & & a_{(k+s)n} \end{pmatrix} \quad (4.7)$$

本研究将按照以下规则剔除不相关的文本和词条。

第一，如果满足以下条件，M_{Cq+Cs} 中相应的列 j 被剔除（4.8）。

$$\sum_{i=1}^{k} a_{ij} = 0 \quad OR \quad \sum_{i=k+1}^{k+s} a_{ij} = 0 \quad 1 \leq j \leq n \quad (4.8)$$

经过这一轮剔除，剩下的文本数量为 n'，n' 小于 n。

第二，由于对列的剔除，会导致行向量中无效词条的产生，即词条在文本集中的频率为 0 或者词频很低。为了保证可视化的准确性和效果，应该根据公式（4.9）剔除这些无效词条。

$$\sum_{j=1}^{k+s} a_{ij} \leq t \quad 1 \leq i \leq n' \quad (4.9)$$

t 是阈值，低于阈值的词条向量被删除。

经过以上两步的处理，将会生成一个新的词条-文本矩阵，对其进行邻近关系计算会得到一个新的邻近矩阵。在新的邻近矩阵中，整合了两个父类潜在主题包含的主要语义信息和细分潜在主题，所以称为属性叠加邻近矩阵，如等式（4.10）所示。同时，此矩阵也与前两类输入矩阵做了区分。

$$PM_{Cq+Cs} = \begin{pmatrix} b_{11} & .. & .. & b_{1n'} \\ b_{21} & .. & .. & b_{2n'} \\ & ... & ... & \\ b_{k'1} & .. & .. & b_{k'n'} \end{pmatrix}, \quad k' \leq k+s, \quad n' \leq n$$

(4.10)

构建属性叠加邻近矩阵有以下作用：一是根据研究需要对强关

联的父类主题进行混合，发现新的潜在主题；二是寻找更多的关联词条，使更多的词条形成词组和短语，进而从语义层面反映词条从属于某个潜在主题的原因，解释潜在主题中的单个词条在具体上下文中的含义，最大程度还原词条的上下文情景；三是在一定程度上解释父类潜在主题之间强关联的原因。

4.3.4 潜在主题可视化的流程优化

在本书第 3 章中提出了潜在主题可视化的基本流程和步骤（见第 3 章 3.3 节中的图 3-8）。本章融入了扎根理论的思想，对潜在主题可视化的流程进行了重塑（见第 4 章 4.2.2 节的图 4-2）。

在设计了基于邻近矩阵、基于质心矩阵、基于属性叠加邻近矩阵三个层次的应用方法之后，潜在主题可视化的流程得到了进一步优化，如图 4-6 所示。

4.3.5 潜在主题可视化方法在不同性质文本集中的应用策略

根据目标文本集的不同性质，潜在主题可视化的方法和流程需要做出相应的调整，需要设计针对性的应用策略。

在以上各章节中，已经对潜在主题可视化方法在不同类型文本集中的应用策略做了相应的描述，本小节对这些不同的应用策略做一个简要总结。

对潜在主题可视化的方法来说，文本集的性质大致可以分为以下几类：不同语种的文本，比如英文和中文；不同领域的文本，比如商业文本、科技文本，商业文本中又有不同行业之分，科技文本中又有不同学科之分；不同结构化程度的文本，带有章节标题等主题标识、具有清晰段落结构和行文逻辑的文本可以称为弱结构化文本，那些没有任何主题标识甚至没有段落结构和严谨行文逻辑的文本，可称为完全无结构化文本，网络上的留言、即时通信中的聊天

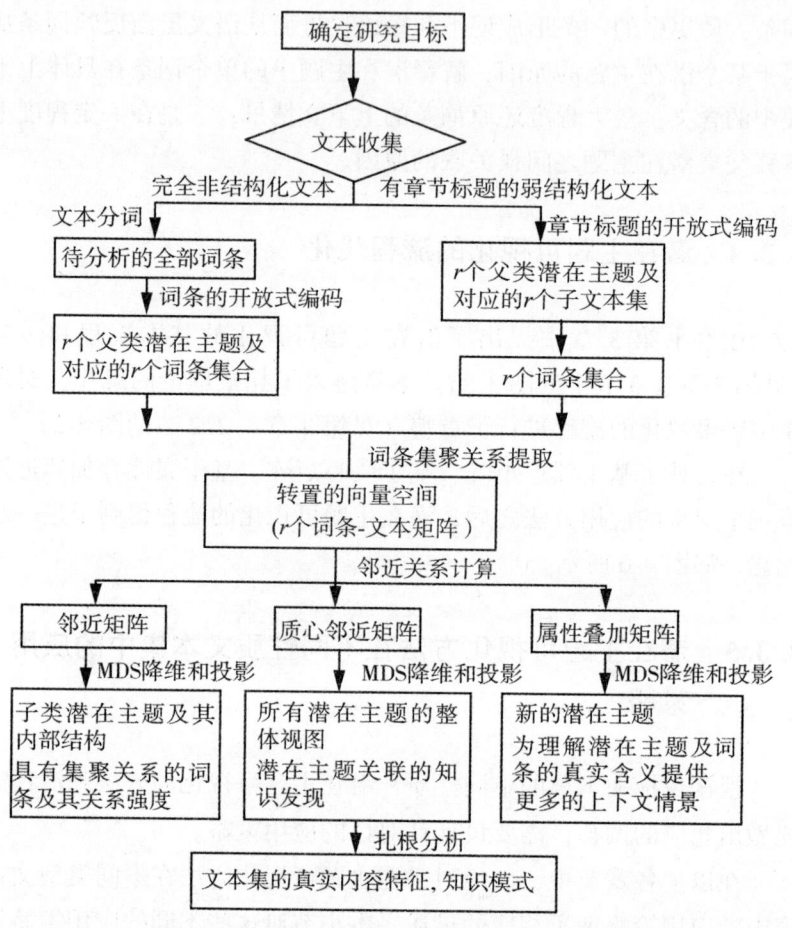

图 4-6　潜在主题可视化流程的第二次优化

记录等大多可归于完全无结构化文本的类别。

（1）针对不同语种的文本集

这里主要讨论中文和英文两种文本集合在策略上的区别，两者相同的部分在此不再赘述。

对中文文本集来说，中文分词的策略和技术显得至关重要，词是文本的最小语义单元，也是表示潜在主题的单元。中文分词的难

4.3 潜在主题可视化的方法设计

点在于词汇是由两个或以上的字组成的，而字与字之间没有分隔。选择合适的分词技术和策略，才能保证得到理想的潜在主题可视效果。

对于英文文本集来说，其时态和词性的变化是难点之一。第一，要加入词干提取的步骤，将一个词由于变形（如复数、时态）或者派生（如前缀、后缀）产生的多种不同形式简化为一个共同的词干；第二，建议加入同义词合并的环节，根据前期的研究经验，不对英文文本集的分词结果进行同义词合并对潜在主题可视化的效果有一定影响。

（2）针对不同篇幅和结构化程度的文本集

对于大篇幅文本来说，抽取词条的物理集聚现象需要考虑集聚的范围，正如王立学等《基于文本结构解析的动态共词方法研究》① 中，将共现分析限定在一定的文本窗口中进行，将集聚关系的抽取范围进行限定更有利于得到表达主题较为集中的词条集合。而大篇幅的文本往往包含一定的结构信息，比如项目申报书，就有题名、关键词、学科代码及清晰的模块设置；比如招股说明书，就有主题含义明确的章节标题。因此，可以将大篇幅文本构成的集合进行分割，按照内部可以通过结构信息发现的主题，划分为若干个子文本集，将有利于得到更能集中反映文本集真实内容的潜在主题。对于这类文本，采用"先编码、后分词"的策略，先对文本集的章节标题进行开放式编码，再对编码得到的各个子文本集分别进行分词。

对于小篇幅文本来说，尤其是自由文本，比如人的谈话、网络文本，比如网络日志、BBS 留言、在线问答等，往往没有体现结构信息的特征，有些文本甚至没有段落之分，缺少应有的标点符号，这些都是完全无结构化的文本。对于这类文本，不需要进行文本的分割，也不能正确地进行文本划分，而应采用"先分词、后编码"

---

① 王立学，冷伏海.基于文本结构解析的动态共词方法研究［J］.图书情报工作，2011（24）：37-40.

的策略，先对文本集进行分词，再请专家参与对分词得到的词条集合的编码工作，将词条划分到不同的类别中去。

需要强调的是，对于小篇幅、完全无结构化的文本，得到的词条-文本矩阵往往是稀疏矩阵，包含大量的空值。在生成邻近矩阵和属性叠加邻近矩阵之前，需要对原始的词条文本矩阵中求和为零或低于阈值的列向量进行去除，即低频文本去除。从原理上说，原始文本集中的某个潜在主题会与文本集中的一部分文本建立关联，而不是全部。所以，在处理某个确定的潜在主题时，需要对不归属与这个主题的文本进行去除。即在开放式编码将词条分配到不同的类别以后，删除词条-文本矩阵中词条总频率低于阈值的文本向量。

此外，不同领域、不同正式程度的文本集的性质，往往与不同篇幅和结构化程度的文本集存在对应关系，在此不再单独说明。

4.4 小结与讨论

本章对第3章提出的潜在主题可视化的流程进行了两次重大改进，构建了完整的潜在主题可视化的方法体系。

潜在主题可视化的过程也是一个典型的知识发现的过程。在这个过程中，MDS把高维的线性文本投影到低维可视空间以后，提供了空间聚类的功能，通过邻近关系判断词条之间的亲疏关系，并进行主题划分，可以清晰地观测到文本集中存在哪些潜在主题、每个潜在主题又包含哪些高频词，观测到潜在主题之间的空间距离、词与词的空间距离，这有助于发现主题之间、词之间的语义联系，为进一步解释语义关系提供了假设来源。可以借助扎根理论的思想，返回原文去寻找、确认并解释这种语义关系，甚至需要通过文献查阅、专家访谈来辅助判断。

潜在主题可视化是一个多水平的视觉空间，用户可以根据需求选择空间感知图中的对象，设定对象所代表内容的多少，不仅可以获得所有主题的总体布局和整体视图，还可以深入最低水平来探索

4.4 小结与讨论

词条之间的空间关系和语义联系。

潜在主题包含的词条可以用来建立专业词库，也可以为商业检索提供查询词拓展。相互关联密切的词条被集聚在一个潜在主题内，当用户使用某个词条进行检索时，系统可以自动将潜在主题中的其他词根据邻近关系的强弱返回给用户，供用户选择，帮助用户进行检索策略改进和优化。

第 5 章 潜在主题可视化在上市公司风险识别中的应用

本章检验了潜在主题可视化方法在特定领域文本知识发现中的作用，并以计算机应用服务业上市公司招股说明书中对风险因素的描述作为目标文本集，对该行业上市公司发展中存在的风险进行识别。

本章内容安排如下：

5.1 节以上市公司知识发现的研究现状为铺垫，引入使用潜在主题可视化方法进行上市公司风险识别的应用。

5.2 节报告了数据来源以及对数据进行编码的过程，对编码后数据的特征进行了分析。同时，还报告了文本分词等预处理的情况、文本特征的选择与提取方法，最终构造了潜在主题可视化方法的输入数据。

5.3 节使用基于邻近矩阵的可视化方法，对市场风险、经营风险、财务风险、产品与技术风险、投资项目风险、内部管理风险、控制风险、人力资源风险、行业风险、政策风险共十类风险及其包含的子主题进行了分析。

5.4 节使用基于质心邻近矩阵的可视化方法，在一个可视空间中对上述十个风险及其关联进行了展示。

5.5 节使用基于属性叠加矩阵的可视化方法，对市场风险与政策风险、财务风险与投资项目风险等进行了联合分析，并识别出了新的主题。

5.6 节对多维尺度分析降维和投影的效果、词条在空间中聚类成主题的效果等进行了评价。

5.7 节对潜在主题可视化方法应用于上市公司风险识别进行了总结与讨论。

5.1 上市公司知识发现的研究现状

文献检索结果表明,目前对上市公司的文本进行文字内容上知识发现的研究尚不多见,研究的焦点主要集中在对财务数据的数据挖掘和知识发现方法上。所以,以下对使用上市公司披露数据进行知识发现的研究进行综述。总的来看,利用上市公司定期报告中的数据开展数据挖掘与知识发现,其研究主要体现在三个方面,财务舞弊识别、信用风险识别和证券市场分析。

(1) 基于知识发现的上市公司财务舞弊识别

基于知识发现的上市公司财务舞弊识别,主要是从上市公司公布的财务报表中的资产负债表、现金流量表、利润表中采集数据,判断上市公司是否有虚构收入、提前确认收入、利用混淆资本性支出和收益性支出调节成本费用、利用会计政策和会计估计变更调节利润、隐藏负债,利用资产减值、关联方交易、资产重组等手段对会计信息进行粉饰等行为①。这方面的研究主要有:基于 Logistic 回归分析的财务舞弊识别②,基于神经网络的财务舞弊识别③,基

---

① 应用数据挖掘技术识别财务报表舞弊的方法研究 [J]. 财务与金融,2010 (3): 39-43.

② Beneish M. D.. The Detection of Earnings Manipulation [J]. Financial Analysts Journal, 1999, 55 (5): 24-36.

③ Green B. P., Choi J. H.. Assessing the Risk of Management Fraud Through Neural-network Technology [J]. Auditing: A Journal of Practice and Theory, 1997, 16 (1): 14-28.

于决策树、支持向量机、模糊集的虚假财务报告风险评价研究①，等等。

(2) 基于知识发现的上市公司信用风险识别研究

基于知识发现的信用风险识别，可通过建立公司财务危机预测模型，不断挖掘有价值的信息，在上市公司发生财务危机之前及时准确地发出警报。很多学者认为，企业财务困境研究与信用风险识别研究的本质是相同的，只是研究的出发点不同，从银行角度出发，叫做信用风险识别，从企业角度分析，叫做企业财务困境。这方面的研究主要有：基于神经网络的财务风险预警②，基于决策树的财务预警分析③，基于案例推理的财务预警分析④等。

(3) 基于知识发现的证券投资分析

利用上市公司年报等定期报告中的财务数据，基于数据挖掘技术和知识发现方法进行的证券投资分析主要有以下研究：文献⑤基于聚类分析对股票进行分组并选取出优质股票；文献⑥对高科技板块中上市公司综合营利能力的指标进行了聚类分析，选出了高科技板块中的绩优龙头股和首选投资对象；文献⑦用离差平方和法对随

---

① Kirkos E., Spathis C., Manolopoulos Y.. Support Vector Machines, Decision Trees and Neural Networks for Auditor Selection [J]. *Journal of Computational Methods in Science and Engineering*, 2008, 8 (3): 213-224.

② Odom M. D., Ramesh S.. A Neural Network Model for Bankruptcy Prediction [J]. *In Proceedings of the IEEE International Conference on Neural Network*, vol. 2, 1990: 163-168.

③ Sung TK, Namsik C, Gunhee L.. Dynamics of Modeling in Data Mining: Interpretive Approach to Bankruptcy Prediction [J]. *Journal of Management Information Systems*, 1999: 63-85.

④ 柳炳祥, 盛昭瀚. 一种基于案例推理的欺诈分析方法 [J]. 控制与决策, 2003 (4): 494-496.

⑤ Da Costa Jr., N, Cunha, J, Da Silva, S.. Stock Selection Based on Cluster Analysis [J]. *Economics Bulletin*, 2005, 13 (1): 1-9.

⑥ 邓秀勤. 聚类分析在股票市场板块分析中的应用 [J]. 数理统计与管理, 1999, 18 (5): 1-4.

⑦ 李敏, 何理. 聚类分析在证券投资基本分析中的应用 [J]. 辽宁师范大学学报：自然科学版, 2006 (2): 145-146.

机选中的 31 家上市公司的基本面进行了聚类分析；李庆东(2005)① 应用聚类分析方法对 40 家石油化工板块的上市公司进行了分析和分类。

（4）述评与小结

上市公司知识发现的研究聚焦在财务数据的挖掘上，对文本内容的知识发现缺乏应用的关注。现有的上市公司数据挖掘和知识发现方面的研究，使用的都是结构化的数据信息，以对财务数据的挖掘为主导，对于高度非结构化的文本信息，则没有太多的关注。但在现实世界中，文本是信息最重要的载体，事实上，研究表明信息有 80%包含在文本文档中②。所以，应该加大力度，对上市公司定期报告中的文字内容进行知识挖掘和发现。

上市公司知识发现的研究队伍主要由经济学、计算机技术与科学领域的学者构成，信息研究领域的学者对该领域的关注还不够。经济学领域的学者们以财务分析为切入点，致力于寻找有力的数据挖掘工具和手段，在财务困境预测、财务舞弊识别方面开展大量的研究；计算机领域的学者们从算法改良的角度，致力于提高数据挖掘方法在上市公司发展状况预测、股票选择等方面的准确性和精确度。但是，从情报学、信息学角度对上市公司披露的信息进行研究的成果较少，关注上市公司文本知识发现方面的研究不多。

5.2 数据来源与处理

5.2.1 数据来源

根据《公司法》、《证券法》、《首次公开发行股票并在创业板

---

① 李庆东.上市公司财务绩效评价与聚类分析［J］.工业技术经济，2005，24（8）：146-148.

② 朱明.数据挖掘［M］.合肥：中国科学技术大学出版社，2002：183-188.

上市管理暂行办法》，首次公开发行（IPO）股票的发行人必须披露可能直接或间接对发行人经营状况、财务状况、持续营利能力和成长性产生重大不利影响的所有因素。

《公开发行证券的公司信息披露内容与格式准则第 1 号——招股说明书（2006 年修订）》和《公开发行证券的公司信息披露内容与格式准则 第 28 号——创业板公司招股说明书》规定了首次公开发行股票的公司必须在招股说明书中披露的内容，共分为十五节。其中，上述格式准则都在总则中特别强调，发行人应在招股说明书首页作"重大事项提示"，提醒投资者需特别关注的公司风险及其他重要事项，并提醒投资者认真阅读招股说明书"风险因素"一章的全部内容。发行人应针对自身的实际情况，充分、准确、具体地描述相关风险因素。发行人应对所披露的风险因素做定量分析，无法进行定量分析的，应有针对性地做出定性描述。

由此可见，"风险因素"一章在招股说明书中具有非常重要的地位，对投资者的投资决策具有重要的影响。

因此，本研究对上市公司的风险因素进行潜在主题可视化和知识发现。根据中国证券监督管理委员会 2001 年 4 月 4 日颁布的《上市公司行业分类指引》，选择了计算机应用服务业（分类代码 G87）作为分析的样本，以计算机应用服务业所有上市公司的招股说明书中的"风险因素"章节的文字内容构成了待分析的文本集合。

截至 2012 年 9 月，计算机应用服务业共有上市公司 97 家① （见附录），其中上海证券交易所挂牌交易的上市公司 16 家，深圳证券交易所挂牌交易的上市公司 81 家。需要指出的是，证监会于 2012 年 11 月 16 日对 2001 年发布的《上市公司行业分类指引》（以下简称《指引》）进行了修订，并于 2013 年 1 月 11 日公布了依据《上市公司行业分类指引（2012 年修订）》划分的上市公司行业分类结果。本研究的样本，计算机应用服务业（分类代码

---

① 新浪财经．［EB/OL］．［2012-9-30］．http://vip.stock.finance.sina.com.cn/mkt/#hangye_ZG87.

G87）基本对应着修订后的《指引》中的门类 I（信息传输、软件和信息技术服务业）中的大类 I64（互联网和相关服务）和 I65（软件和信息技术服务业）。有 76 家企业属于 I65（共 100 家企业），有 6 家企业属于 I64（共 10 家）。

5.2.2　章节标题的开放式编码

本研究中，目标文本集的中心主题是计算机应用服务业上市公司的风险因素，开放式编码的目的是把风险因素划分为若干个类属，每个类属就是目标文本集包含的父类潜在主题。

根据本书第 4 章 4.1 节的论述，招股说明书属于格式完备的商业文本，具有明确的章节标题，章节标题标识着相应片段的主题，代表了相应片段的中心内容，所有小节的标题一起构成了中心主题。

因此，采用"先编码，再分词"的策略。第一步是抽取出所有风险因素的小节标题，并形成代码；第二步是将代码归类并命名；第三步是形成类属表。

由于目标文本集的领域范围非常集中，全部描述的是计算机应用服务业上市公司的风险，这些公司的有很大的相似性，因此形成代码并归类的工作相对比较简单。

第一轮编码得到的父类潜在主题如表 5-1 所示。

表 5-1　　　　第一轮的编码结果

风险类属	代码示例
市场风险	业务模式风险，市场竞争风险，客户集中风险，依赖其他行业风险，产品销售风险，市场开拓风险，过度依赖单一市场风险，金融危机带来的风险等
经营风险	经营业绩风险，跨行业经营风险，境外经营风险，对主要原材料及供货渠道依赖的风险，商业模式创新风险，业务集中风险等

续表

风险类属	代码示例
财务风险	资产质量或资产结构风险，应收账款风险，融资风险，存货风险，净资产收益率下降的风险，非经常性损益变化的风险等
产品与技术风险	新产品开发风险，知识产权的侵权风险，新产品或新技术开发风险，专有技术流失或泄密风险，公司软件产品可能存在缺陷的风险等
组织与管理风险	人力资源管理风险，核心技术人员流失，自然人控制的风险，管理构架调整滞后于公司发展的风险，核心管理层人员变动的风险等
政策风险	所得税率变动风险，产业政策和行业管理政策变更风险，法律、法规、政策变化的风险，税收政策风险，法律环境风险，WTO风险等
投资项目风险	募股资金投向风险，项目投资未能达到预期收益的风险，项目管理和组织实施的风险，募集资金投资项目的市场前景风险等
其他风险	股市风险，重大自然灾害、不可抗力的风险等

表 5-1 中的类属表已经可以概括风险因素包含的全部主题内容。经过问题自查和专家咨询的环节，发现有个别类属包含的内容过多，比如组织与管理风险里面包括了内部管理风险、控制风险和人力资源风险；个别类属中的主题归属不妥，比如行业风险和股市风险并不适合归到经营风险的类属中；个别类属的界定不明确，比如核心技术人员流失的风险应该归类到技术风险中，还是归类到组织和管理风险中的人力资源风险中。

根据第一轮编码中出现的问题和困难，参考行业专家的建议，确定了以下原则，并进行了第二轮编码。

①如果小节的正文侧重于描述核心技术人员流失带来的技术失密和知识产权问题，该小节归类到"技术风险"，如果只描述了技术人员流失，归类到"人力资源风险"之中。

② "实际控制人、主要股东占用发行人资金的潜在风险"、"重大关联交易风险"归类到"控制风险"之中。

③ "依赖电力行业"、"依赖银行业"、"依赖邮政业"等对其他行业依赖的风险归类到"市场风险",由于所在行业周期波动带来的影响归类到"行业风险"之中。

④ "收入季节性波动"、"物业使用风险"、"经营场所为租赁"等风险归类到"经营风险"之中。

⑤ "客户集中度较高的风险"、"公司客户区域集中风险"归类到"市场风险"之中。

⑥ "发行人补缴社保及住房公积金的风险"、"补交养老保险"的风险归类到"政策风险"之中。

⑦ 信息披露豁免导致的风险归类到了"经营风险"之中。

第二轮编码的结果如表 5-2 所示:

表 5-2　　　　　　　第二轮的编码结果

父类潜在主题（风险类属）	篇幅（字数）
市场风险	76811
经营风险	66415
财务风险	78133
产品与技术风险	64007
投资项目风险	46579
内部管理风险	24847
控制风险	23517
人力资源风险	21318
行业风险	15067
政策风险	79649
其他风险（没有计入）	5053
总计	496343

经过第二轮编码,将"风险分析"的所有文本内容分配到了表5-2中的10个父类潜在主题中,每一个父类主题对应着一个子文本集,包含了97家公司在该父类主题中的文本内容,作为潜在主题可视化中文本分词的输入数据。

从单词的数量特征看,计算机应用服务业97家上市公司招股说明书的"风险分析"部分构成的文本集,共包含汉字496343个,其中,每个潜在主题对应的子文本集的篇幅、占总文本集篇幅的比重如表5-2和图5-1所示。

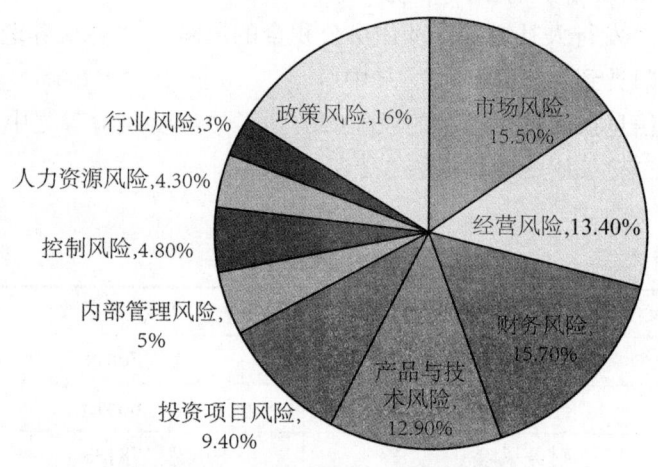

图5-1 各类风险占总文本篇幅的比重

5.2.3 编码后数据的特征分析

从上市公司本身的特征看,截至2012年9月,计算机应用服务业共有上市公司97家,其上市时间分布如图5-2所示,具体的公司名录、上市时间见附录。

表5-3列出了在招股说明书中报告了某一类风险的上市公司数目和占97家上市公司的比重。

5.2 数据来源与处理

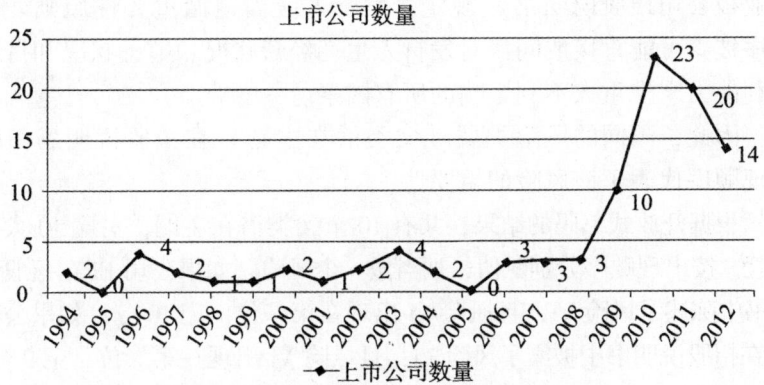

图 5-2　计算机应用服务业公司上市时间分布

表 5-3　　　　计算机信息服务业上市公司的风险构成

风险类别	报告了该风险的公司数	占上市公司总数比重
市场风险	94	96.9%
经营风险	69	71.1%
财务风险	83	85.6%
产品与技术风险	80	82.5%
投资项目风险	81	83.5%
内部管理风险	73	75.3%
控制风险	69	71.1%
人力资源风险	71	73.2%
行业风险	30	30.9%
政策风险	90	92.8%

本小节拟对计算机应用服务业上市公司的风险的重要性进行分析，重要性体现在各上市公司在招股说明书中对不同风险的排序。

中国证券监督管理委员会《公开发行证券的公司信息披露内容与格式准则第 1 号——招股说明书》（证监发行字〔2006〕5 号）、《公开发行证券的公司信息披露内容与格式准则第 28 号——

创业板公司招股说明书》规定：发行人应当遵循重要性原则，按顺序披露可能直接或间接对发行人生产经营状况、财务状况和持续盈利能力产生重大不利影响的所有因素。

因此，不同的风险类属（父类潜在主题）在招股说明书中的出现顺序代表了该风险的重要性。

根据开放式编码的结果，共有 10 个父类潜在主题，对应 10 大类风险，按出现顺序分别赋值，被当做一个风险：如果公司 Ei 在招股说明书中陈述了风险 Vi，且风险 Vi 出现在第一位，记 10 分；如果公司 Ei 在招股说明书中披露了风险 Vi，且风险 Vi 出现在第二位，记 9 分；依次类推，如果公司 Ei 在招股说明书中披露了风险 Vi，且风险 Vi 出现在第十位，记 1 分，若公司 Ei 没有披露风险 V，记 0 分。

对计算机应用服务业所有上市公司的风险排序进行分析，可以得到图 5-3，从图中可以看到，市场风险、产品与技术风险、财务风险是计算机应用服务业上市公司面临的前三大主要风险。

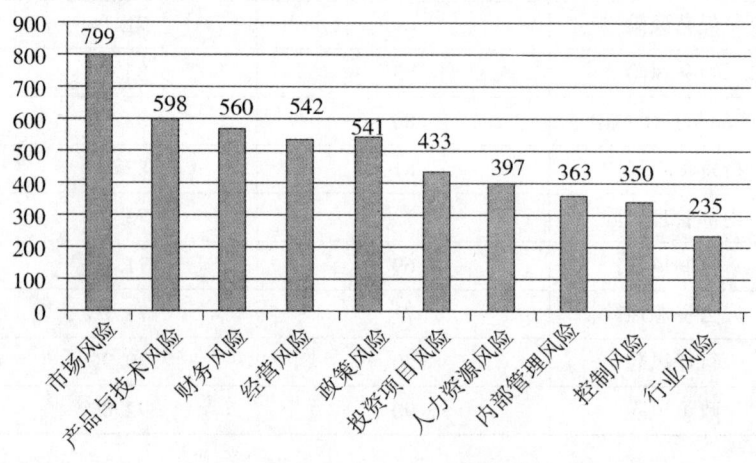

图 5-3　各类风险的重要性排序

将计算机应用服务业的上市公司按上市时间分成 3 组：2008 年以前、2009—2010 年、2011—2012 年，分别有上市公司 27、36 和 34 家，不同年份的上市公司风险的重要性排序如图 5-4 所示。

可以发现，市场风险、投资项目风险、内部管理风险和人力资源风险随着时间的推移，有逐步上升的趋势，投资者需要首先关注这三类风险；政策风险的重要性的变化并不显著；而行业风险的重要性在逐年下降。

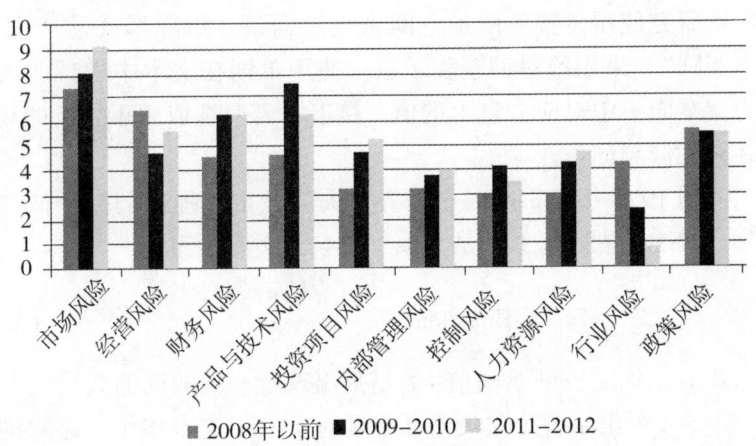

图 5-4　不同上市时间的公司对风险的重要性排序

5.2.4　文本分词和预处理

通过对计算机应用服务业所有上市公司招股说明书中的关于风险的文字描述进行开放式编码，得到 10 个子文本集。本研究采用开源的基于 Lucene 的 Paoding 中文分词模块，选择最大正向匹配的分词策略（Max-word-length），对这些子文本集进行分词。分词过程中，进行了停用词过滤，使用庖丁提供的停用词表，包括中文单词 842 个，包含了大部分对表示主题没有作用的功能词。

剔除每个词条-文本矩阵中包含的主题通用词，比如"风险"、"市场风险"中的"市场"，"经营"风险中的"经营"，一是因为潜在主题可视化就是限定在这些主题的范围内进行的，这些主题通用词和矩阵里的每一个词都有联系，出现频率极高，失去了研究的意义；二是因为把这些词投影到 MDS 空间图中，可能会使得其他词条形成以该词为中心的集聚，影响分析结果。同时，对被错误切分的词、无意义的词进行了剔除。

5.2.5 特征选择与提取

本研究使用转置的向量空间来表示词条，矩阵形式是"词条-文本矩阵"。采用绝对词频表示法，使用单词在文本中出现的次数作为文本向量中对应分量上的值。接着，需要选取用于分析的高频词并剔除低频词条。

使用 1973 年 Donohue 根据齐普夫第二定律提出的高频低频词界分公式确定剔除低频词的阈值，该公式①表述为：

$$\text{Threshold} = \frac{-1+\sqrt{1+8I_1}}{2} \tag{5.1}$$

其中，Threshold 是阈值，I_1 是只出现过一次的词的数量。

表 5-4 列出了各个父类潜在主题对于的子文本集中，剔除词条的阈值。

表 5-4　　剔除低频词的阈值

父类潜在主题	低频词剔除的阈值
市场风险	22
经营风险	28
财务风险	10
产品与技术风险	13
投资项目风险	22
内部管理风险	11
控制风险	9
人力资源风险	14
政策风险	10
行业风险	9

---

① Donohue J. C. *Understanding Scientific Literature：A Bibliographic Approach* [M]. Cambridge：MIT Press, 1973.

5.2.6 构造输入矩阵

为了利用 MDS 算法生成可视化结果,根据本书 4.3 节设计的方法,通过构造不同的输入矩阵,可以生成不同的层次的 MDS 空间图,实现不同层次的知识发现。

(1) 构造邻近矩阵

对每个父类潜在主题对应的子文本集进行分词、预处理和特征提取以后,得到了 10 个词条-文本矩阵,每个矩阵包含的词条数量如表 5-5 所示。

表 5-5 父类潜在主题的单词容量

父类潜在主题	包含的单词数
市场风险	74
经营风险	68
财务风险	96
产品与技术风险	66
投资项目风险	54
内部管理风险	76
控制风险	62
人力资源风险	58
政策风险	86
行业风险	53

使用相应的邻近性计算方法计算词与词在转置向量空间中的邻近关系,使用的邻近关系计算方法如表 5-6 所示。

第5章 潜在主题可视化在上市公司风险识别中的应用

表 5-6　　　　　　　　　　邻近性计算方法

父类潜在主题	邻近性计算方法
市场风险	Cosine
经营风险	Cosine
财务风险	Cosine
产品与技术风险	Cosine
投资项目风险	Minkowski, $c=1.3$, $k=2$
内部管理风险	Cosine
控制风险	Cosine
人力资源风险	Cosine
行业风险	Cosine
政策风险	Cosine

使用邻近性计算方法共得到 10 个邻近矩阵，对应十类风险。将邻近矩阵输入 SPSS 进行 MDS 运算，可以得到每一类风险包含的子类潜在主题及其包含词条的空间结构，MDS 的参数设置将在结果中报告。

（2）构造质心邻近矩阵

按照本书 4.3.2 节提出的方法，可以构造一个质心邻近矩阵。使用每个父类潜在主题包含的词条在转置向量空间中的质心代表整个主题，计算 10 个质心之间的邻近关系，可以得到一个 10×10 的质心邻近矩阵。

将质心邻近矩阵输入 SPSS 进行 MDS 运算，可以得到所有父类主题的整体视图，MDS 空间图中的对象不再是词条，而是父类潜在主题。

（3）构造属性叠加邻近矩阵

按照本书 4.3.3 节提出的方法，可以构造一个属性叠加邻近矩阵。在质心邻近的可视化结果中，可以发现强关联的父类潜在主题，用户可以对感兴趣的组合进行混合研究。将两个或多个父类潜在主题的词条-文本矩阵进行合并，剔除重复词条中词频较低的一个，并去除低频词。为了 MDS 可视化的效果，将词条的数量控制在 100 个以内。

以上步骤删除了多余的行向量，也就是转置向量空间中的多余的词条。在这里，由于目标文本集内的文本都是描述某一类风险的文字，具有强相关性，词条的复现很频繁，得到的原始词条-文本矩阵不是稀疏矩阵，每一列的词频求和均不为零，所以，没有删除文本向量。

对新的词条-文本矩阵进行邻近关系计算，可以得到属性叠加邻近矩阵。属性叠加邻近矩阵也是一个表示词条邻近关系的对称矩阵，输入 SPSS 进行 MDS 运算，可以得到待分析词条的空间结构。相应的，在原始文本集中具有集聚关系的词条，也会在 MDS 空间图中相互邻近，形成一个个类团。将每一个类团划分出来，就可以得到新的潜在主题。

5.3 基于邻近矩阵的潜在主题可视化

在 5.2.2 节中，经过对文本集的开放式编码，共识别出了计算机应用服务业上市公司存在的十大类风险。为了进一步探究每一类风险包含的细分主题，使用基于邻近矩阵的可视化方法，对每一类风险分别进行分析。在这里每一类风险对应着一个父类潜在主题，本节将识别出每个父类潜在主题包含的子类潜在主题。并对识别出的子类潜在主题进行扎根性分析，达到风险识别的最终目的。

（1）市场风险

在父类潜在主题"市场风险"的可视化分析中，使用的邻近性计算方法是余弦距离（Cosine），MDS 应力值为 0，拟合优度为 1，共发现了 4 个潜在主题，分别包含 23、33、5 和 13 个词条，潜在主题及其包含的词条如图 5-5 和表 5-7 所示。

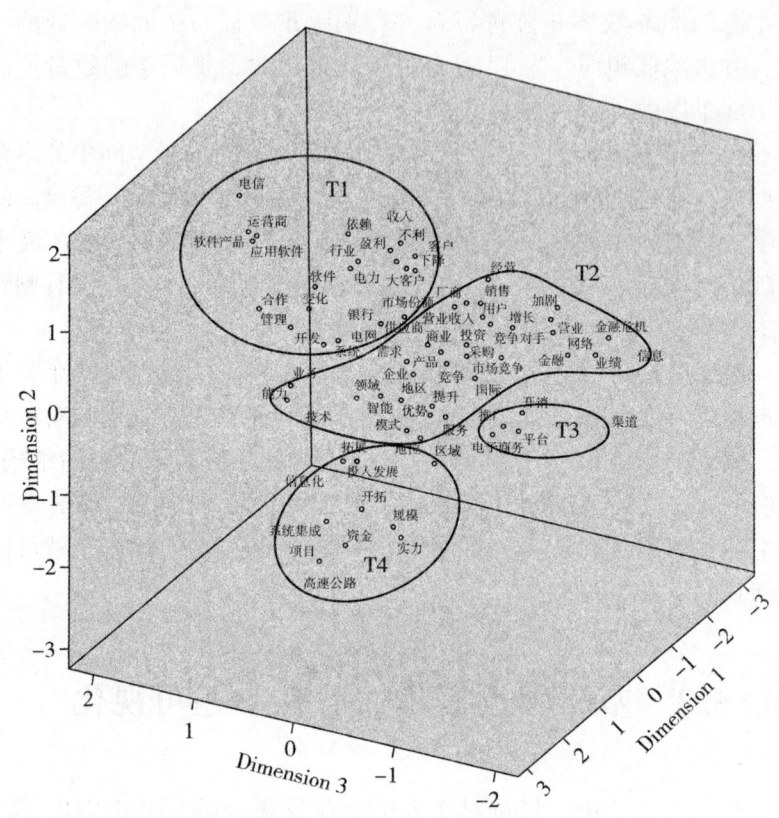

图 5-5 市场风险中的子类潜在主题

表 5-7 市场风险的子类潜在主题构成

编号	子类潜在主题	子类潜在主题的词条构成
T1	客户依赖方面的风险	大客户、供应商、电信、运营商、合作、管理、开发、变化、软件、行业、依赖、盈利、收入、不利、客户、下降、电力、市场份额、银行、电网、系统、软件产品、应用软件

5.3 基于邻近矩阵的潜在主题可视化

续表

编号	子类潜在主题	子类潜在主题的词条构成
T2	市场波动和市场竞争风险	经营、厂商、销售、用户、加剧、增长、营业、金融危机、信息、业绩、网络、金融、竞争对手、营业收入、商业、投资、采购、市场竞争、国际、需求、产品、竞争、企业、地区、提升、领域、智能、优势、模式、技术、能力、业务、地位
T3	市场营销与推广风险	营销、渠道、推广、电子商务、平台
T4	市场拓展风险	区域、拓展、投入、发展、开拓、信息化、规模、实力、资金、系统、集成、项目、高速公路

根据各个潜在主题及其包含的高频词条返回原始文本进行扎根性分析，可以发现：

潜在主题 T1 主要反映了客户依赖方面的风险。客户依赖方面的风险主要来自对大客户、供应商、单一市场、电力与电信行业等垄断行业的市场依赖，表5-8 总结了存在行业依赖的上市公司。

第一，对大客户依赖的风险。部分上市公司严重依赖大客户，前五大客户占全部主营业务收入的比例非常高，比如海隆软件、天源迪科等，如果企业的大客户中有部分或全部中止同公司的业务往来，则将对公司业绩产生不利影响。部分企业存在依赖单一市场的风险，比如达实智能存在过度依赖华南地区单一市场的风险；湘邮科技存在过度依赖湖南省邮政系统的风险。

"世纪瑞尔（股票代码：sz300150）"是一个典型案例，发行人在 IPO 报告期内的营业收入与毛利平均分别有 94.96% 与 96.13% 来自于铁路信息化市场，公司业绩增长的主要原因在于铁路的快速建设，铁路综合视频监控系统、铁路防灾安全监控系统等

表 5-8　　依赖于其他行业的上市公司列表

行业名称	电信行业	电力行业	银行证券业	医疗卫生	酒店业	航空业	建筑行业	铁路行业
公司名称	华胜天成	东软载波	金证股份	卫宁软件	石基信息	川大智胜	广联达	世纪瑞尔
	湘邮科技（依赖邮政系统）	海联讯	银之杰					
	东方国信	远光软件	银杏科技					
	科大讯飞	积成电子	旋极信息					
	联信永益		长亮科技					
	神州泰岳							
	天玑科技							

产品的市场需求不断扩大，推动了公司业绩的增长。如果投资者能充分注意此信息，在做出投资决策时必然要考虑该公司的业绩肯定会与铁路建设的周期性有密切关联，一旦铁路建设减缓，必将对世纪瑞尔产生重大的不利影响。比如，温州"7·23"动车事故后，世纪瑞尔的业绩受到巨大影响①。

第二，供应商集中的风险。许多公司的采购业务依赖于主要供应商，对前几名的供应商采购额比较集中。虽然大部分公司公司对单一供应商不存在依赖，但是存在因供应商集中可能带来的经营风险。

第三，依赖电信行业的风险。由于计算机应用服务业的行业特点，行业内上市公司对电信行业的依赖程度较高，来自电信运营商和电信设备制造商的收入占营业收入的比例较高。如果将来整个电信行业发生不可估计的不利变化，或者电信运营商对信息化建设的投资力度和规模下降，都将对该类上市公司的盈利能力产生较大的

---

① 《7·23动车事故牵连多家上市公司 世纪瑞尔遭质疑》. 载中国网，2012年11月16日。

5.3 基于邻近矩阵的潜在主题可视化

不利影响。以东方国信为例,2007年度、2008年度、2009年度和2010年上半年,东方国信的营业收入中来自电信行业的比例分别为95.55%、92.55%、97.31%和96.43%,对电信行业的运营商依赖程度极高。

第四,依赖于电力行业的风险。东软载波、海联讯等公司专业从事电力自动化产品的研发、生产、销售和服务,主营业务的增长高度依赖于国内电力行业的发展,企业的电力自动化产品主要销售对象是国内电力系统的客户,如果因为国家宏观政策发生变化或电力体制变革导致电力行业的整体投资减少,该类上市公司的发展将受到不利影响。以海联讯公司为例,该公司2010年自于电网企业、发电企业、其余客户的销售收入占营业收入的比例分别为90.08%、1.97%、7.94%

第五,依赖于银行业的风险。以"中科金财"为例,IPO报告期内该公司对前五名客户占销售收入的比例分别为63.66%、64.21%和40.16%。其中,该公司数据中心业务、银行影像业务、IT服务管理业务的前五大客户占比分别为75.93%、84.23%、89.40%;银信科技在2009至2011年度,当期营业收入中来自农业银行的部分为36.18%、46.00%和41.50%,可见,该公司对农业银行存在相当程度的依赖。

潜在主题T2主要反映了市场波动和市场竞争风险。该类风险具体包括商业周期、产品价格、行业竞争以及金融危机等。

第一,商业周期风险。计算机应用服务业对国家行业政策和宏观经济形势的变化比较敏感,相关的应用软件及系统集成等主要业务受到国家行业发展规划的影响,具有较明显的周期性运行特点。商业周期的存在可能造成公司经营业绩的周期性波动,企业面临商业周期风险。

第二,产品价格下降的风险。计算机应用服务行业上市企业的主要产品为软件、系统等数字产品,其技术含量对产品本身的价格有重大影响,而公司的盈利水平与产品的价格有着直接的联系。因此,公司面临着由于软件产品技术含量降低而导致产品价格下降的风险。

第三，同行业竞争风险。目前，中国提供计算机应用服务的国内外企业数目不断增加，不同的竞争对手在资源、技术、客户基础、品牌和销售与市场推广等方面，都会不同程度地对上市公司构成威胁，竞争对手数量的增多必将会引致市场竞争的加剧，如果企业不能进一步在产品技术、功能应用等方面进行提升，将影响公司市场份额，从而影响到公司未来的经营发展和盈利能力。

第四，金融危机带来的市场风险。全球性的金融危机会对国内经济产生很大的影响，表现为出口萎缩，经济增速放缓，企业经营尤其是中小企业经营面临困难。如果未来全球金融危机再次出现，将对我国经济造成进一步的冲击，也会对计算机应用服务业造成一定程度的负面影响，使相关上市公司后续合同订单总额增长不足，对经营业绩造成影响，导致金融危机冲击风险。以启明星辰为例，其作为一家拥有完全自主知识产权的信息安全企业，积极开拓细分市场，针对客户的网络安全需求，致力于为客户提供更有价值的产品和服务，以增强公司的抗风险能力，这表明，该行业的企业已经意识到金融危机的潜在威胁，将在技术创新、资产结构调整方面采取预防措施。

潜在主题 T3 主要反映了市场营销与推广风险。信息技术产品在市场推广方面往往面临比普通产品更大的竞争压力。信息服务业上市公司往往是高新技术企业，产品的技术含量较高，产品的市场需求也处在高速成长的时期，但由于国内市场还需要进一步培育，加上地区分割、拓展新市场的难度增大等问题，如果企业在销售网络、营销策略等市场开发方面不能适应市场竞争状况的变化，公司的竞争优势可能会被削弱，并面临市场份额下降的风险，从而影响企业产品销售收入水平的提高。

潜在主题 T4 主要反映了市场拓展风险。大量企业都在通过大力拓展其他区域市场客户等方式扩大自身的市场覆盖区域，因而在原有区域市场面临新进竞争对手的同时，还将在拟进入的其他区域市场与市场先行者进行竞争。如果企业不能正确判断和准确把握行业的市场动态和发展趋势,并将企业现有的成熟商业模式在其他区域市场成功复制,或者不能根据行业发展趋势、客户需求变化以及技术进步及时进行技术创新和业务模式创新以提高公司竞争实力,企业则存在因市场竞争而导致经营业绩下滑或被竞争对手超越的风险。

(2) 经营风险

在父类潜在主题"经营风险"的可视化分析中,使用的邻近性计算方法是余弦距离(Cosine),MDS 应力值为 0,拟合优度为 1,共发现了 3 个潜在主题,分别包含 31、9 和 28 个词条,潜在主题及其包含的词条如图 5-6 和表 5-9 所示。

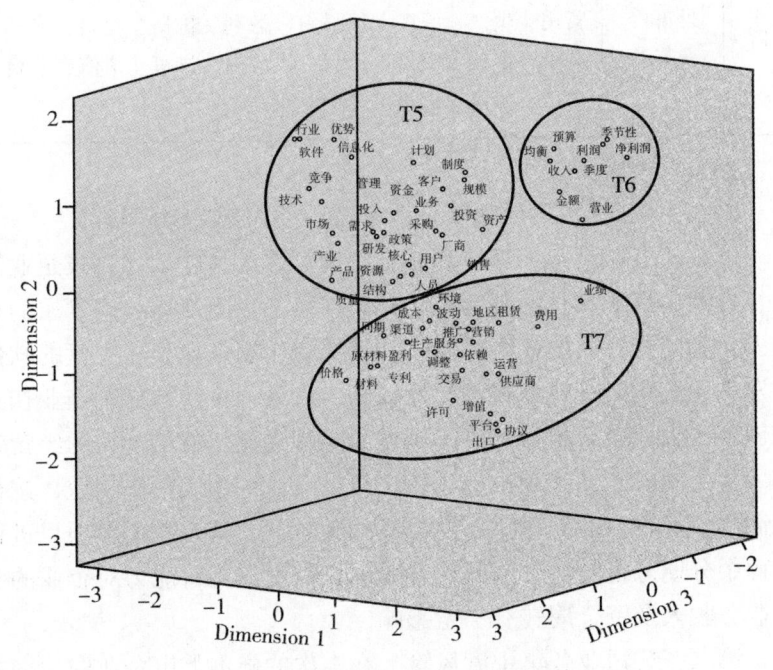

图 5-6　经营风险中的子类潜在主题

根据各个潜在主题及其包含的高频词条返回原始文本进行扎根性分析,可以发现:

第 5 章　潜在主题可视化在上市公司风险识别中的应用

表 5-9　　　　　　　　经营风险的子类潜在主题构成

编号	子类潜在主题	子类潜在主题的词条构成
T5	内部经营风险	行业、优势、软件、信息化、计划、制度、竞争、技术、管理、资金、客户、规模、业务、市场、投入、需求、采购、投资、资产、产业、研发、政策、核心、厂商、产品、资源、质量、结构、用户、人员、销售
T6	季节性风险	均衡、预算、利润、季节性、净利润、收入、季度、金额、营业
T7	外部经营风险	环境、成本、波动、地区、租赁、费用、业绩、推广、营销、生产、服务、原材料、盈利、价格、材料、专利、调整、依赖、交易、运营、供应商、许可、增值、平台、出口、协议、渠道、周期

潜在主题 T5 主要反映了企业经营中的内部风险因素。

第一，公司员工、客户和制度管理存在的风险。高科技企业健康、持续、高速成长的关键在于拥有持续的创新能力、高素质的科技人才和完善有效的运行机制。计算机应用服务业公司主营的软件开发和系统集成等业务技术含量较高、发展速度快，如果企业在技术创新、人才政策、经营决策等方面出现失误，将给公司的经营带来风险。同时，在计算机应用软件开发及应用系统集成领域，按行业惯例，客户一般先支付一定数额的预付款，其余款项在项目进行过程中分期分批支付。因此，客户的资信度与支付能力对企业的实际业务收入及资金周转有一定影响。

第二，公司业务集中度风险。在本次的样本上市企业中，多数公司采取的是"产品专业化"的发展路线，致力于将优势产品做深做透以避免资源的过度分散，但这同时也带来了经营集中度过高的风险，如果公司产品市场的需求出现波动，将会对公司的正常经营产生影响。例如：表 5-6 中列举的上市公司的客户主要集中在通

5.3 基于邻近矩阵的潜在主题可视化

信和交通行业，国家正对这些行业加大投资力度，因此市场需求量很大。如果宏观经济环境或经济政策发生变化，通信和交通行业的发展速度放慢，将对公司的业务发展产生影响。

第三，产品技术研发、质量管理与产品结构方面的风险。计算机应用服务业公司的主营业务多集中在信息与计算机技术应用领域，由于该领域市场需求变化较快，该行业上市公司必须不断提高其技术水平和质量水平，并积极保持投资力度，进行产品的更新换代。计算机应用服务行业用户的特点是需求不断提高，加上计算机和软件技术进步速度快，推动软件产品升级和新产品推出速度快。这就要求公司具备快速运营、快速反应的能力，否则将很快被市场淘汰。针对上述风险，众公司均表示将继续保持灵活的市场需求反应体系，并进一步加大科研开发力量，进行技术与产品的储备，在产品的更新浪潮中居主动地位，力求在竞争中实现持续发展。同时，该行业上市公司也面临着新技术和替代产品带来的行业经营风险。另外，个别上市企业产品涉及多个行业或专业领域，从一定程度上分散了公司的经营风险，但也相对的分散了公司的人力、物力和财力，这有可能增加公司在经营管理上的困难，出现产品结构风险。

潜在主题 T6 主要反映了经营收入金额存在的季节性风险。

受客户结构、业务特点等因素的影响，公司的经营业绩存在季节性波动的风险。公司营业收入的季节性波动及其对公司利润、经营性活动现金流在全年实现不均衡的影响，可能对公司正常生产经营活动造成一定的不利影响。例如：政府部门、军队、大中型企事业单位和运营商等客户通常采用预算管理制度和集中采购制度，一般上半年进行项目预算立项、审批流程，下半年进行招标、采购和建设流程，用户市场的需求高峰通常出现在下半年。基于客户市场需求因素的影响，企业的销售呈现较明显的上下半年不均衡的分布特征，公司产品和服务销售收入的实现主要体现在下半年，上半年尤其第一季度由于客户预算制定和春节假期等因素而呈现更为明显的季节性特征。因上半年实现的收入较少，经营活动现金流入也主要集中在下半年，而月度间研发投入、人员工资及其他费用的支出则均衡发生，导致公司利润和经营活动现金流量的不均衡。

潜在主题 T7 主要反映了经营面临的外部环境因素风险。

第一，原材料和供应商供货的不稳定性带来的风险。计算机应用服务业上市企业生产产品及提供服务所需的元器件、系统网络设备及软件开发平台等需要向外采购，对主要原材料及供货渠道依赖性较大，有可能产生由于外购品的价格波动、质量低劣、货源短缺、供货周期延长而带来的原材料供应风险。例如：企业在为客户提供行业应用系统集成服务时，需要采购计算机软、硬件产品，其中相当部分采用国外公司的产品；在计算机软、硬件采购过程中，存在产品质量、供货期、关税调整、外汇变动、价格波动、技术支持等方面的风险因素，尤其当国际市场汇率发生变动时，可能会影响采购价格，从而对公司的经营造成影响。

第二，经营许可资质方面的制约。基于计算机应用服务业的行业特点，企业在开展业务时需要获得相应的行业准入资质，并受到政府的监管，包括工信部、文化部、国家新闻出版总署及国家版权局均有权颁布及实施监管行业的规例。公司获取授权后按照协议的约定开展各项许可经营业务，并按期提出展期或者换发许可证的申请，确保持续获取各项许可资格。取得一定的资质和证书，企业能够更直接地向客户表明自身的技术水平和经营实力，有助于公司更大范围、更快速度地拓展业务。如果资质的年检没有通过，则公司将不能从事相应的业务，或难以与其他同行竞争，存在着公司业务范围、经营规模缩小，并进而降低收益水平的风险。

第三，经营场所租赁方面的风险。部分上市公司正处于快速发展时期，对资金需求量较大，为了提高资金使用效率，经营场地通过租赁方式解决，如果租赁的场地在租赁期内被拆迁、租赁期满后租金上涨等其他原因无法继续租用，从而需要搬迁，这将对公司的生产经营造成一定影响。

（3）财务风险

在父类潜在主题"财务风险"的可视化分析中，使用的邻近性计算方法是余弦距离（Cosine），MDS 应力值为 0，拟合优度为 1，共发现了 4 个潜在主题，分别包含 11、21、41 和 23 个词条，

5.3 基于邻近矩阵的潜在主题可视化

潜在主题及其包含的词条如图 5-7 和表 5-10 所示。

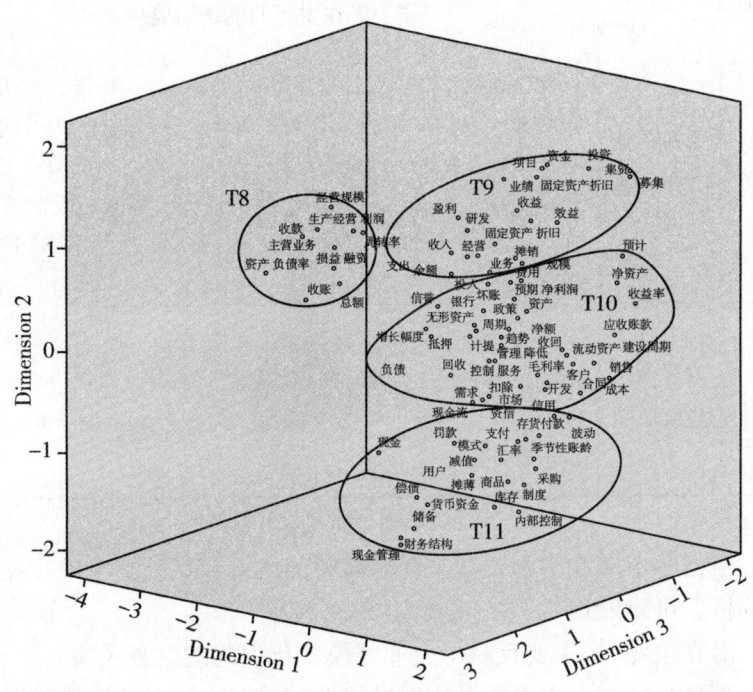

图 5-7　财务风险中的子类潜在主题

表 5-10　　**财务风险的子类潜在主题构成**

编号	子类潜在主题	子类潜在主题的词条构成
T8	企业规模变化引起的财务风险	经营规模、生产经营、利润、收款、主营业务、周转率、资产负债率、损益、融资、收账、总额
T9	费用摊销与融资风险	项目、资金、投资、集资、募集、固定资产折旧、业绩、收益、效益、盈利、研发、固定资产、折旧、收入、经营、业务、摊销、支出、余额、费用、投入

续表

编号	子类潜在主题	子类潜在主题的词条构成
T10	资产负债方面的风险	规模、预计、净资产、收益率、应收账款、坏账、预期、净利润、银行、信誉、政策、资产、无形资产、周期、增长幅度、抵押、计提、趋势、管理、收回、流动资产、建设周期、负债、回收、控制、服务、降低、毛利率、客户、合同、销售、成本、开发、市场、信用、资信、现金流、需求、净额、扣除、流动资金
T11	财务内部控制风险	存货、付款、波动、支付、罚款、现金、模式、减值、用户、汇率、季节性、账龄、偿债、摊薄、商品、采购、库存、制度、货币资金、储备、内部控制、财务结构、现金管理

根据各个潜在主题及其包含的高频词条返回原始文本进行扎根性分析，可以发现：

潜在主题 T8 主要反映了企业规模变化引起的财务风险。

部分公司在上市之前总体规模依然相对较小，因此抗风险能力比较有限。企业上市后其资产和业务规模将迅速扩大，资产结构也会得到有效改善。但是，公司通过股票市场成功募集资金以后，将会加大新投资项目的实施力度和加快业务经营规模的扩张，公司负债规模也将会随之扩大，资产负债率、资产负债结构不合理等问题都将给企业带来利润波动等财务风险。

潜在主题 T9 主要反映了费用摊销与融资风险。

在投入费用摊销方面，上市公司在完成上市后，为进一步巩固公司的行业地位和竞争优势，会在上市初期不断增加固定资产投入。随着上市公司的业务开拓、人员招募、研发投入等工作全面展开，各项费用与摊销将迅速增加。如果公司在快速发展过程中对投入费用和摊销控制不力，或者费用投入未在合理时间内产生预期效益，就存在因新增固定资产折旧与无形资产摊销而导致利润下滑的风险，公司的经营业绩将受到不利影响，进而对公司财务构成

5.3 基于邻近矩阵的潜在主题可视化

威胁。

在融资方面，本研究选取和研究的上市公司多是人才密集型和技术密集型高新技术企业，由于计算机应用服务业的行业特殊性，公司在资产构成上具有固定资产规模较小、流动资产规模较大的特点。虽然这一资产结构可以确保公司以有限的投入达到迅速提升竞争能力及盈利能力目标，但随着行业竞争的加剧及公司规模的扩大，公司在经营过程中一旦面临资金短缺，通过固定资产抵押取得银行贷款又较为困难，因此使公司经营存在间接融资风险。

子类潜在主题 T10 主要反映了资产负债方面的风险。该子类潜在主题包括应收账款、净资产收益率、现金流量方面的财务风险。

在应收账款方面，受行业因素影响，计算机应用服务业上市公司往往有应收账款净额及占流动资产、总资产比例较高的特点，若公司主要债务人未来出现财务状况恶化、客户信用发生重大变化或公司采取的收款措施不力，都会导致公司应收账款不能按期回收或无法回收产生坏账，从而引致资产流动性风险，对公司业绩和生产经营产生一定影响。所以，投资者需要对财务风险进行评估，并考察该行业公司主要客户的稳定情况。

在净资产收益率方面，募集资金到位后，上市公司的净资产比重将有较大幅度的增加，但由于募集资金投资项目有一定的建设周期，募集资金产生的经济效益存在着一定的不确定性和滞后性，而且募集资金的投入也将产生一定的固定资产折旧、公司摊销以及其他各项收益性开支。因此，上市公司存在净资产收益率随着净资产规模增加而相应下降的风险。

在现金流量方面，大部分上市公司发展主要依赖经营活动现金流、银行借款和向财务投资者增资扩股所引进的资金，而受经营快速扩张对铺底流动资金投入的增加和"轻资产"的资产结构影响，公司经营活动现金流和银行借款所能提供的发展资金也较为有限。一般情况下，公司可凭借良好的资信通过银行贷款解决部分短期流动资金。但是，随着计算机应用服务行业的快速发展，如果公司不能多渠道筹措经营规模持续扩张所需的发展资金，就会产生现金流量风险,对公司能否紧抓行业发展机遇、实现持续快速增长目标造成负面影响。

潜在主题 T11 主要反映了财务内部控制方面的风险,比如收入、存货、支出的内部控制、库存货品减值、现金管理方面的财务风险。

通过返回文本集发现,在存货减值方面,为保证销售的正常进行,必须保持一定合理数量的库存商品,库存管理水平是公司关键营运能力之一。计算机应用服务业公司存货以工业用电子产品为主,该类产品具有兼容性高的特点,存货减值风险较低。但是随着公司经营规模不断扩大,如果存货余额不断增加,将使公司面临存货占压资金的风险;如果未来技术环境发生重大变化或商品市场价格发生波动,导致存货跌价或无法变现,将对公司未来经营产生不利影响。

现金管理方面,计算机应用服务业的上市公司普遍保持了较高水平的现金储备,资产构成中货币资金所占比重较大。从国内外互联网上市公司的资产结构看,货币资金比例高是行业内较为普遍的特征;保持高水平的现金储备,有利于公司适应互联网行业快速变动的特点,确保公司营利模式创新、技术创新、服务创新的资金投入,但高现金储备也会给货币资金的管理带来挑战。在满足公司扩张计划对现金储备要求的前提下,若公司不能采取适当的货币资金管理策略实现货币资金安全性、流动性和收益性的有效平衡,公司可能面临货币资金利用率低、短期投资风险增加的现金管理风险。

(4) 产品与技术风险

在父类潜在主题"产品与技术风险"的可视化分析中,使用的邻近性计算方法是余弦距离(Cosine),MDS 应力值为 0,拟合优度为 1,共发现了 5 个潜在主题,分别包含 11、8、29、9 和 9 个词条,潜在主题及其包含的词条如图 5-8 和表 5-11 所示。

根据各个潜在主题及其包含的高频词条返回原始文本进行扎根性分析,可以发现:

5.3 基于邻近矩阵的潜在主题可视化

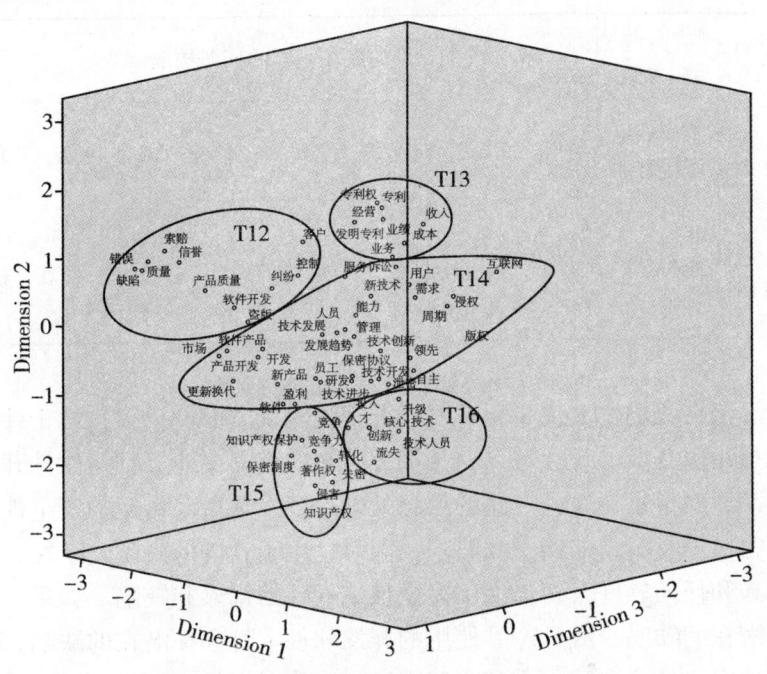

图 5-8　产品与技术风险中的子类潜在主题

表 5-11　　产品与技术风险的子类潜在主题构成

编号	子类潜在主题	子类潜在主题的词条构成
T12	产品质量风险	缺陷、错误、质量、索赔、信誉、产品质量、软件开发、纠纷、控制、客户、盗版
T13	专利权保护风险	专利权、专利、经营、发明专利、业绩、业务、收入、成本
T14	技术进步和新产品开发风险	服务、市场、软件产品、产品开发、更新换代、技术发展、发展趋势、开发、新产品、软件、盈利、员工、研发、技术进步、技术开发、诉讼、保密协议、技术创新、管理、人员、能力、新技术、用户、需求、周期、领先、互联网、版权、侵权

续表

编号	子类潜在主题	子类潜在主题的词条构成
T15	知识产权受侵害的风险	竞争、知识产权保护、竞争力、转化、保密制度、著作权、失密、侵害、知识产权
T16	核心技术泄密风险	人才、投入、泄密、自主、升级、核心技术、创新、流失、技术人员

潜在主题 T12 主要反映了产品开发质量方面的风险。由于计算机应用服务业的行业特点,大部分公司的产品或业务都是软件开发产品,而市场对软件产品的信息处理速度、数量及传递的安全性与保密性等有很高的期望和要求;同时,由于软件的高度复杂性,发行人和任何软件公司都无法完全杜绝软件的错误和缺陷。如果产品有潜在的缺陷,或是产品使用的开发软件本身存在潜在的缺陷,将导致客户的业务运作受到不利影响。为修正产品已发生的错误或因客户提起的索赔请求而进行的申辩,将额外增加公司的成本。另外,因质量问题而引致的纠纷、索赔或诉讼,都将对发行人的市场信誉或市场地位产生负面影响。

潜在主题 T13 主要反映了专利权保护方面的风险。选取的研究对象作为知识和技术密集型企业,很多具有市场领先的技术优势,而且就现有的产品技术和储备技术申请了发明专利、实用新型专利加以保护,这些知识产权对本公司未来经营具有重要作用。由于目前我国知识产权的保护体系仍不完善,行使相关诉讼等权利救济方式成本较高、耗时较长,公司的技术、专利在一定程度上面临被侵犯的风险。如果公司的核心技术、关键技术遭受较大范围的侵害,将会对该行业上市公司的业绩水平产生不利影响。

潜在主题 T14 主要反映了技术进步和新产品开发方面的风险。通过返回文本集发现,在技术水平更新与进步方面,由于软件产业属知识密集型产业,具有技术进步迅速、产品更新速度快的特点,

5.3 基于邻近矩阵的潜在主题可视化

技术进步对上市公司的市场竞争力和持续发展具有重要影响。如企业不能紧跟国际相关技术的发展水平，无法运用新的软件技术开发出适应行业需求的大型应用软件，将使公司市场竞争力逐步下降，从而丧失部分客户。

在新产品开发方面，产品的创新开发对上市公司的核心竞争力和业务发展同样具有重要影响。新技术和新产品的市场潜力取决于市场的成熟度及公司本身的产品推广力度，如果企业对产品和市场的把握出现偏差，不能及时调整技术和产品方向，或新产品不能迅速推广应用，使技术及新产品的开发存在风险。

潜在主题 T15 主要反映了知识产权受侵害的风险。该行业中，软件产品是重要的主营业务之一，许多上市公司都拥有一些专有技术、计算机软件著作权等知识资产，这些是公司的核心资产。但由于软件易于复制的特性，加之我国软件市场尚不成熟，软件产品被盗版、专有技术流失或泄密等现象普遍存在。该行业上市公司的知识产权存在被侵害的风险。

潜在主题 T16 主要反映了核心技术泄密的风险。作为知识和技术密集型企业，技术研发和商业模式创新工作不可避免地严重依赖专业人才和核心技术，持续保持市场竞争优势就必须依赖于核心技术和公司培养、引进、积累的技术人员，其中，核心技术的水平体现了公司的核心竞争力，是企业保持市场竞争优势和持续创新的关键因素，如果企业的核心技术泄密，将失去行业内的领先优势，削弱企业产品的竞争力，会对企业产生不利影响。同时，高素质的技术人员是企业生存和发展的根本。随着行业竞争的日益激烈，行业内同类企业对优秀人才的需求也日趋增加。一旦企业核心技术人员流失，且不能得到及时有效补充，将对企业的业务发展造成不利影响。因此，核心技术人员的流失导致以专有技术为主的核心技术流失或泄密，会在一定程度上影响公司的市场竞争力和技术创新能力。

(5) 投资项目风险

在父类潜在主题"投资项目风险"的可视化分析中，使用的邻近性计算方法是 Distance ($c=1.3$, $k=2$)，MDS 应力值为 0，拟合优度为1，共发现了3个潜在主题，分别包含13、23和18个词条，潜在主题及其包含的词条如图5-9和表5-12所示。

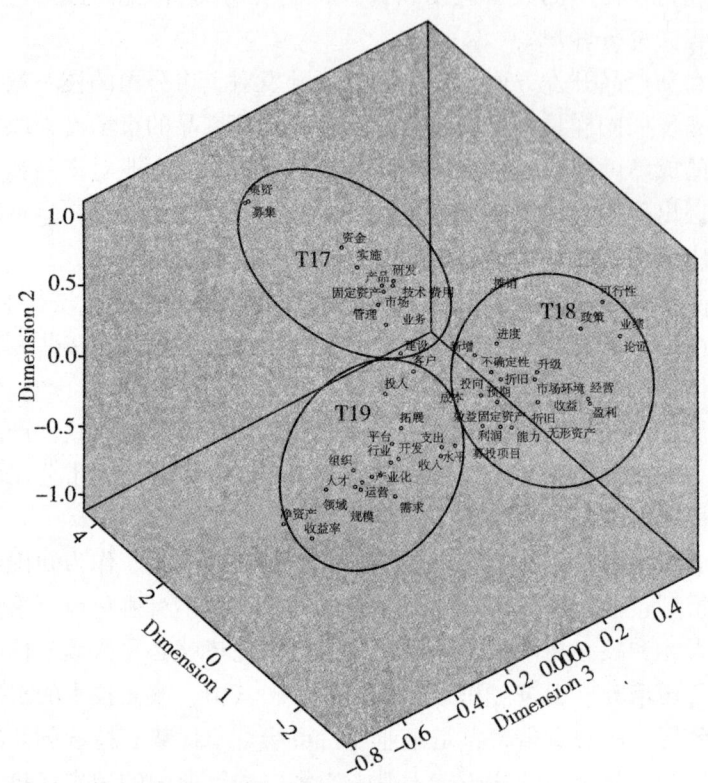

图5-9　投资项目风险中的子类潜在主题

根据各个潜在主题及其包含的高频词条返回原始文本进行扎根性分析，可以发现：

潜在主题T17主要反映了本次募集资金的投资项目所面临的项目管理与实施的风险。

根据T17包含的高频词条返回原始文本进行扎根性分析发现，T17主要包括两个方面的内容：

5.3 基于邻近矩阵的潜在主题可视化

表 5-12　　　投资项目风险的子类潜在主题构成

编号	子类潜在主题	子类潜在主题的词条构成
T17	募投项目管理与实施的风险	集资、募集、资金、实施、产品、研发、技术、费用、固定资产、市场、管理、业务、建设
T18	利润下滑的风险	可行性、政策、业绩、论证、摊销、新增、进度、不确定性、升级、折旧、投向、成本、市场环境、经营、预期、收益、效益、固定资产折旧、盈利、利润、能力、无形资产、募投项目
T19	净资产收益率下降和项目人才不足的风险	净资产、收益率、客户、投入、拓展、支出、平台、开发、水平、行业、收入、产业化、组织、人才、运营、需求、领域、规模

第一，项目管理的风险。募集资金投资项目将使企业资产规模、业务规模在现有基础上大幅增加，同时涉及人员招聘与培训、统一管理平台升级改造、创新应用服务研发等多项内容，对项目组织和管理水平有着较高要求，公司可能出现因业务规模快速扩张所带来的管理及人才不足的风险，任何环节的疏漏或不到位都会对项目的按期实施及正常运转产生重要影响。

第二，项目实施中的技术研发风险。在募集资金投资项目实施过程中，会有更先进技术出现的可能性，企业所掌握的项目技术会被新的技术替代或淘汰；部分项目技术在国内还属于新兴技术，但在国外已经经过了一段时间的发展，从新兴技术开始向成熟技术过渡，所以一旦竞争对手凭借国外的成熟技术打入国内市场，将会对募股资金支持的投资项目造成不小的冲击和不利影响。

潜在主题 T18 主要反映了本次募集资金的投资项目导致利润下滑的风险。

根据 T18 包含的高频词条返回原始文本进行扎根性分析发

现，募集资金投资项目面临项目可行性、市场前景、未能达到预期收益以及固定资产折旧及摊销额增加等问题，从而导致企业利润下滑。

第一，投资项目可行性风险。在项目实施之前，上市公司对拟投资项目都会进行充分的市场调研和严格的可行性论证，认定项目会有很好的投资收益之后才进行投资。但是，计算机应用服务业项目与其他行业的开发项目一样，具有高投入、高收益、高风险的特点。在具体实施过程中可能遇到如市场、政策、竞争条件变化以及技术更新等情况，这都会影响拟投资项目的投资成本、投资回收期、投资收益率甚至项目的成败。

第二，投资项目的市场前景。虽然投资项目事先都会进行充分的技术论证和市场调研，在投资项目实施过程中，也面临着技术开发的不确定性、技术替代、政策环境变化、用户偏好变化、与用户的合作关系变化、募投项目新增产能的未来市场推广实施等一系列挑战，任何一项因素向不利的方向转化，都有可能导致新投资项目的失败，或者对项目的建设进度、实际收益产生一定的影响，从而影响公司的经营业绩，进而导致公司的盈利能力下降。

第三，募投项目未能达到预期收益的风险。投资项目的实施与管理水平、人才状况、技术进步、市场环境改变、产业政策调整等都会影响项目的投资成本、投资回收期、投资收益率甚至项目成败。项目最终实际完成的投资效益与估算值可能会有一定的差距。在项目实施过程中可能会因市场环境变化、产业结构调整、产业政策变化等方面不可预测因素的影响，或研究成果不能及时转化为生产力，相应的人才引进不能完全发挥预期作用，以及对项目的组织实施与管理不能达到预期要求，从而使投资项目达不到预期效益，影响公司的经营业绩。

第四，固定资产折旧和摊销额增加带来的利润下滑风险。在募集资金投资项目完成后，固定资产必将增加，产生相应的折旧费用。但是，如果市场环境、技术保障等方面发生重大不利变化，募集资金项目未能实现预期收益，就无法弥补新增投资带来的折旧及摊销费用，这也将在一定程度上影响公司的利润水平。

5.3 基于邻近矩阵的潜在主题可视化

潜在主题T19主要反映了本次募集资金的投资项目所面临的净资产收益率下降和项目人才不足的风险。

第一，净资产收益率下降的风险。上市企业在募集资金到位后企业净资产额将有大幅度的提升，而募投项目在短期内难以完全产生效益。因此，短期内企业净利润增长幅度将小于净资产增长幅度，导致净资产收益率的下降。

第二，项目人才风险。一方面，由于募股资金投入的建设项目时间期限明确、规模往往较大，企业需要补充较多承担项目工作的有丰富实践经验的技术人员和其他工作人员，如不能及时招聘到所需人员，就可能对项目的实施造成不利影响。另一方面，当前我国的计算机应用服务行业仍处于飞速发展阶段，缺乏高级人才，行业内对高端人才的争夺也非常激烈。关键性技术和产品的研发都要依赖核心技术人员的专业知识、技术及经验，如果核心技术人员流失，将对募集资金项目的顺利实施造成一定的不利影响。

(6) 内部管理风险

在父类潜在主题"内部管理风险"的可视化分析中，使用的邻近性计算方法是余弦距离（Cosine），MDS应力值为0，拟合优度为1，共发现了4个潜在主题，分别包含10、23、21和22个词条，潜在主题及其包含的词条如图5-10和表5-13所示。

根据各个潜在主题及其包含的高频词条返回原始文本进行扎根性分析，可以发现：

潜在主题T20主要反映管理体制调整滞后于公司发展的风险。发行上市后，企业的经营规模和业务总量将不断增大，市场需求和竞争格局变化速度快，人员构成和管理体系也日趋复杂，这要求企业进一步完善研发管理、营销管理、服务保障、财务管理、人力资源管理以及企业文化的塑造，并及时调整组织模式和管理制度，使企业管理能力的提升与企业规模的扩张相适应。如果管理层不能适时调整管理体制，有可能阻碍公司业务的正常推进或错失发展机遇，进而影响公司的长期发展。因此，公司存在管理体制滞后于公司发展的风险。

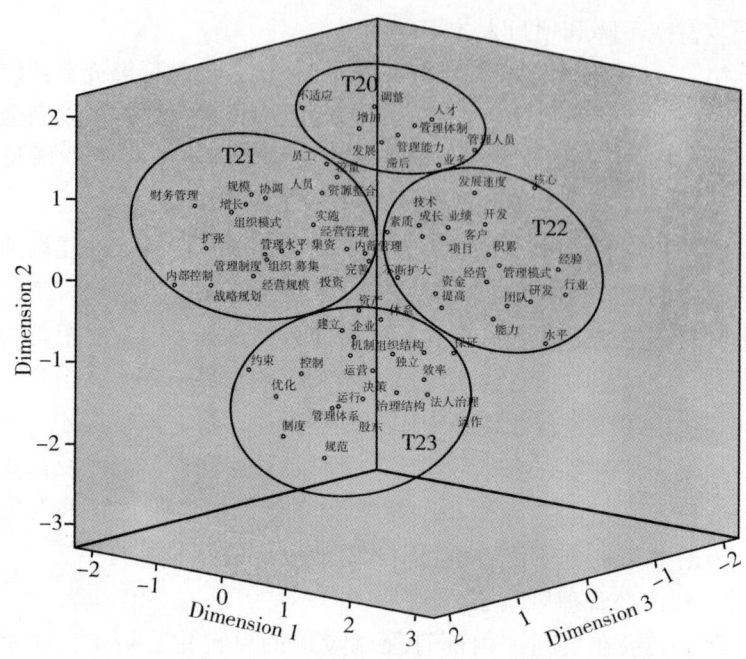

图 5-10　内部管理风险中的子类潜在主题

潜在主题 T21 主要反映了公司管理层管理水平不能适应公司规模迅速发展的风险（管理水平滞后于规模扩张的风险）。公司规模的迅速扩张，在资源整合、科技开发、市场开拓、内部控制以及各部门工作的协调性、严密性和连续性等方面提出了更高的要求，对管理层的管理能力提出了更大的挑战。若公司管理层素质及管理水平不能适应公司规模迅速扩张的需要，各项内部控制制度及具体的管理制度未能随着公司经营规模的扩大而及时完善，将有可能削弱公司的市场竞争力，存在规模迅速扩张导致的管理风险。

潜在主题 T22 主要反映了管理模式调整滞后带来的风险。企业在成长的过程中，随着客户和项目的不断增多，培养了经验丰富的核心技术研发团队。募股资金到位后，如果公司不能及时调整管理模式、提高研发能力和水平，将会影响经营效率、发展速度和业绩水平。

5.3 基于邻近矩阵的潜在主题可视化

表 5-13　内部管理风险的子类潜在主题构成

编号	子类潜在主题	子类潜在主题的词条构成
T20	管理体制调整滞后的风险	调整、增加、人才、管理体制、管理能力、滞后、发展、业务、管理人员、不适应
T21	管理水平调整滞后的风险	员工、数量、财务管理、规模、增长、协调、人员、资源整合、组织模式、实施、扩张、管理水平、集资、经营管理、内部管理、募集、组织、管理制度、内部控制、战略规划、经营规模、投资、完善
T22	管理模式调整滞后的风险	发展速度、核心、技术、素质、成长、业绩、开发、客户、项目、积累、不断扩大、经营、管理模式、经验、资金、提高、团队、研发、行业、能力、水平
T23	管理风险的应对思路	资产、体系、建立、企业、机制、组织结构、独立、效率、约束、控制、运营、决策、优化、运行、治理结构、法人治理、制度、管理体系、股东、运作、规范、保证

潜在主题 T23 主要反映了应对内部管理风险的主要应对思路。面对规模扩张带来的管理风险，计算机应用服务业的上市公司已经着手建立并将继续完善法人治理结构、规范并优化公司运作体系、建立健全独立董事制度等有效的约束机制和内部管理机制，完善各项议事规则和各项管理制度，提高决策效率，以满足公司上市后业务快速发展的需要。

(7) 控制风险

在父类潜在主题"控制风险"的可视化分析中，使用的邻近性计算方法是余弦距离（Cosine），MDS 应力值为 0，拟合优度为 1，共发现了 3 个潜在主题，分别包含 15、12 和 35 个词条，潜在主题及其包含的词条如图 5-11 和表 5-14 所示。

第 5 章　潜在主题可视化在上市公司风险识别中的应用

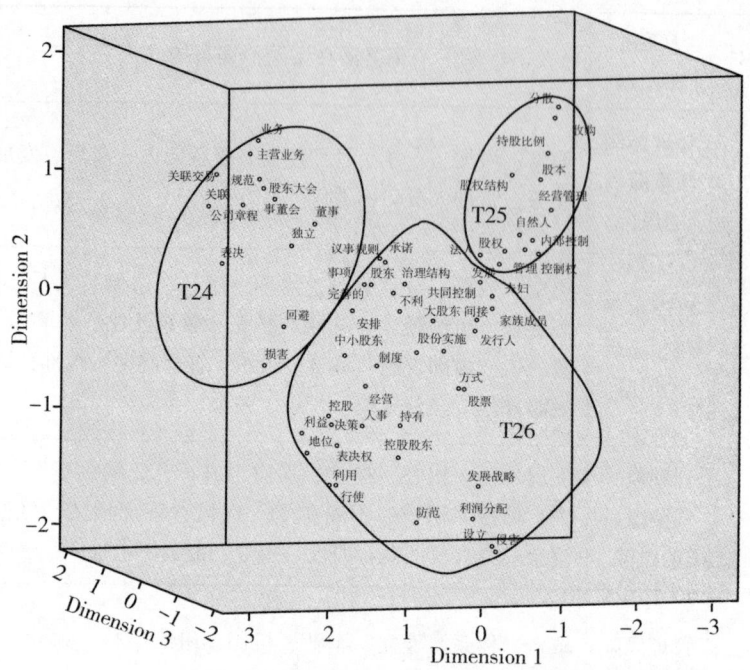

图 5-11　控制风险中的子类潜在主题

根据各个潜在主题及其包含的高频词条返回原始文本进行扎根性分析，可以发现：

潜在主题 T24 主要反映了关联交易风险。关联交易的定价、结算等均将直接影响本公司经营业绩。虽然上市企业基本已建立关联交易回避表决制度、独立董事制度、监事制度等各项管理制度与章程，如《关联交易管理制度》、《独立董事制度》、《监事会议事规则》等，从制度安排上避免控股股东利用其控股地位损害公司和其他股东利益的情况发生。但是，不排除上市公司控股股东利用控股地位达成损害本公司或其他股东利益的交易或安排，或通过关联交易控制公司经营业绩。因此，企业面临着关联交易对企业经营造成损害的潜在风险。

5.3 基于邻近矩阵的潜在主题可视化

表 5-14　　　　　控制风险的子类潜在主题构成

编号	子类潜在主题	子类潜在主题的词条构成
T24	关联交易风险	业务、主营业务、关联交易、规范、关联、股东大会、公司章程、董事会、董事、独立、表决、回避、损害、议事规则、事项
T25	股权结构分散的风险	分散、持股比例、收购、股本、股权结构、经营管理、自然人、股权、法人、内部控制、管理、控制权
T26	大股东控制的风险	承诺、股东、治理结构、完善的、不利、共同控制、夫妇、间接、大股东、安排、中小股东、制度、股份、实施、发行人、家族成员、方式、股票、经营、控股、利益、决策、人事、持有、地位、表决权、利用、行使、发展战略、防范、利润分配、设立、侵害、控股股东、发展

潜在主题 T25 主要反映了股权结构分散的风险。公司股票在发行上市后，股权将进一步分散，现有股东的持股比例将进一步降低，股份流动性增强，存在被收购的风险。如果发生公司被收购等情况造成公司控制权变化，可能会给公司业务开展或经营管理等带来一定影响。同时，由于公司股权分散，在一定程度上会降低股东大会对于重大事项决策的效率和控制权，从而给公司生产经营和未来发展带来潜在的风险。

潜在主题 T26 主要反映了大股东或实际控制人所带来的风险。一方面，上市公司的大股东或实际控制人处于相对控股地位，对发行人的财务决策和经营决策具有较大影响。处于控股地位的实际控制人有可能通过行使表决权对公司的经营决策、财务决策、重要人事任免、发展战略施加不当影响，从而侵害公司及其他中小股东的权益。另一方面，公司股票发行前的主要股东大多为公司董事、监事或高级管理人员，如果担任公司主要管理职务的股东持股联合起来，则有能力通过投票表决的方式对发行人的重大经营决策施加影响或实施共同控制，从事有损于发行人利益的活动，将对发行人的利益产生不利影响。而且多数公司股东兼任高管，使得公司的决策层与执行层重叠现象较为严重，公司的权力较为集中，不利于形成均衡且相互制约的公司治理结构。

（8）人力资源风险

在父类潜在主题"人力资源风险"的可视化分析中，使用的邻近性计算方法是余弦距离（Cosine），MDS应力值为0，拟合优度为1，共发现了3个潜在主题，分别包含35、10和13个词条，潜在主题及其包含的词条如图5-12和表5-15所示。

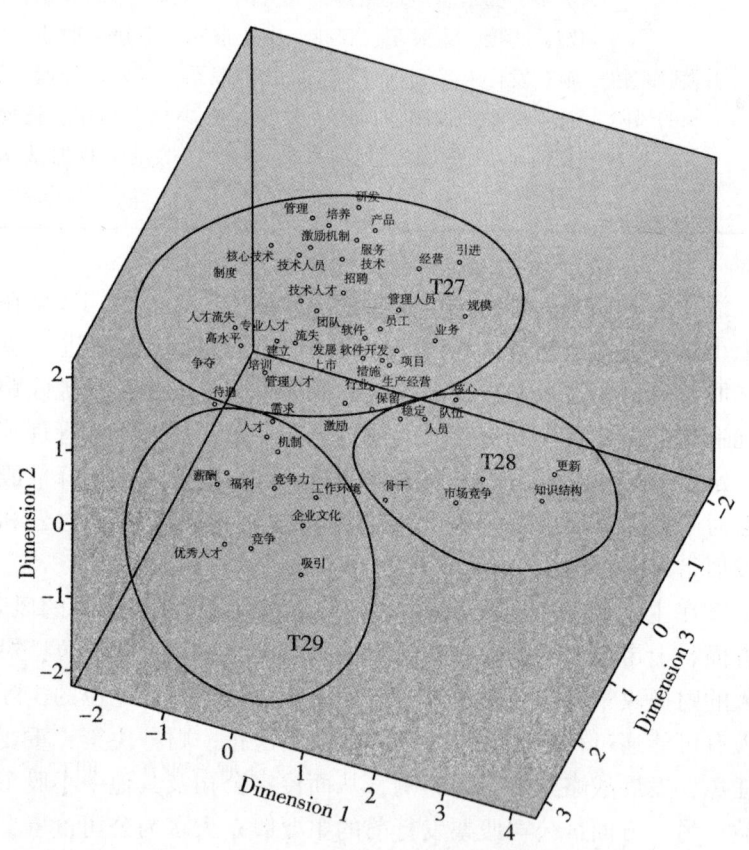

图5-12 人力资源风险中的子类潜在主题

5.3 基于邻近矩阵的潜在主题可视化

表 5-15　　人力资源风险的子类潜在主题构成

编号	子类潜在主题	子类潜在主题的词条构成
T27	专业人才流失风险	研发、管理、培养、服务、产品、引进、经营、技术、激励机制、核心技术、技术人员、制度、招聘、管理人员、规模、技术人才、团队、员工、业务、软件、项目、人才流失、专业人才、流失、发展、软件开发、生产经营、高水平、建立、争夺、培训、管理人才、行业、上市、措施
T28	知识结构更新快带来的风险	保留、核心、队伍、稳定、人员、素质、更新、市场竞争、知识结构、骨干
T29	人才保障机制方面的风险	待遇、需求、激励、人才、机制、福利、薪酬、竞争力、工作环境、企业文化、竞争、优秀人才、吸引

根据各个潜在主题及其包含的高频词条返回原始文本进行扎根性分析，可以发现：

潜在主题 T27 主要反映了专业人才流失风险。作为高新技术企业，高素质人才对公司的发展非常重要，公司的成长在很大程度上也取决于能否判断技术的发展趋势并迅速应对市场变化，对高水平的技术研发人才、软件开发人才、项目管理人才有很大的需求。如果公司的核心人才流失严重，又无法吸引优秀人才，就会导致公司逐步丧失目前的竞争优势，给公司的生产经营造成不利影响。

潜在主题 T28 主要反映了知识结构更新快带来的风险。计算机应用服务行业属于智力密集型行业，大部分公司业务涉及行业应用软件开发、计算机信息系统集成及专业技术服务业务，而计算机技术发展速度日益加快，新技术、新方法和新知识层出不穷，如果企业人才无法掌握或运用相关知识技术，在产品研发方面就会面临一定问题，从而对企业的经营，也对企业市场竞争力的提升造成一定的困难。

潜在主题 T29 主要反映了人才保障机制方面的风险。虽然该行业大部分的上市公司都通过提高薪酬福利待遇、完善竞争晋升机制、创造宽松的工作环境、构建和谐的企业文化氛围来吸引、激励、留住人才,但随着企业业务规模的迅速扩大,公司对专业人才的需求将大量增加。如果企业无法建立合理有效的人才保障制度和形成优秀的企业文化环境,那么企业在吸引优秀人才、避免人才短缺等方面就存在一定的风险。

(9)行业风险

在父类潜在主题"行业风险"的可视化分析中,使用的邻近性计算方法是余弦距离(Cosine),MDS 应力值为 0,拟合优度为 1,共发现了 3 个潜在主题,分别包含 13、25 和 15 个词条,潜在主题及其包含的词条如图 5-13 和表 5-16 所示。

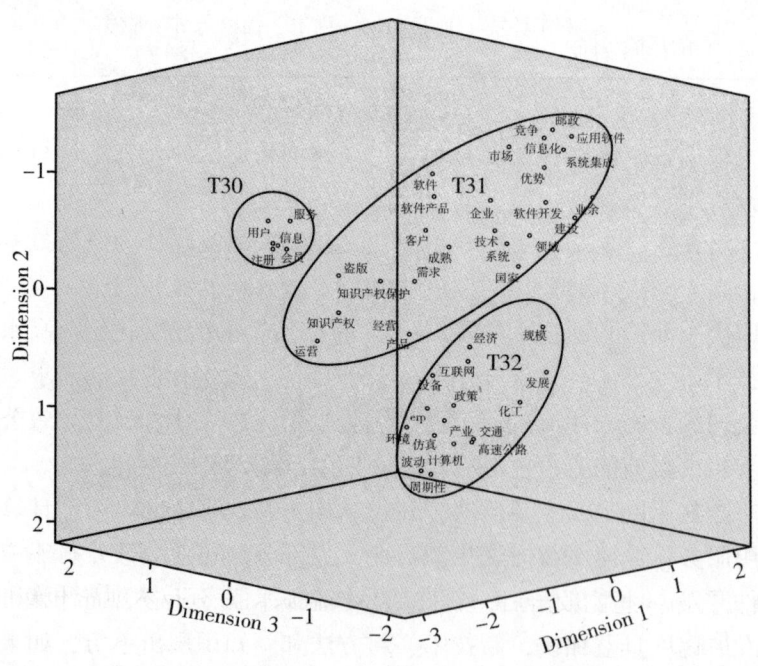

图 5-13 行业风险包含的子类潜在主题

5.3 基于邻近矩阵的潜在主题可视化

表 5-16　　行业风险的子类潜在主题构成

编号	子类潜在主题	子类潜在主题的词条构成
T30	行业服务平台建设落后的风险	用户、服务、信息、注册、会员、ERP、Made in China、电子商务、对象、侵权、制造、平台
T31	知识产权保护不足带来的风险	邮政、竞争、信息化、应用软件、市场、系统集成、优势、软件、软件产品、软件开发、业务、建设、企业、客户、技术、领域、成熟、系统、需求、国家、盗版、知识产权保护、知识产权、经营、产品、运营
T32	行业周期波动的风险	经济、规模、互联网、发展、设备、政策、化工、产业、交通、环境、仿真、计算机、高速公路、波动、周期性

根据各个潜在主题及其包含的高频词条返回原始文本进行扎根性分析，可以发现：

潜在主题 T30 主要反映了行业服务平台建设落后的风险。作为计算机服务企业，有许多公司提供的是电子商务平台服务，而企业能否为用户提供优质、稳定的综合型第三方 B2B 电子商务平台服务，取决于网络系统和电脑软硬件的持续运作能力。由于导致服务中断、数据损失的风险因素客观存在，而这些因素均可能影响电子商务平台的稳定性和安全性。同时，企业也面临着一定的技术应用风险、技术更新滞后的风险，等等。

潜在主题 T31 主要反映了知识产权保护不足带来的风险。这个主题与"产品与技术风险"中的内容形成了呼应。计算机应用服务业是一个相对年轻的行业，处于不断调整和发展的阶段，具有一定的波动性；同时，在国内市场上，对涉及行业内软件开发等方面的知识产权保护在配套政策环境建设方面还有很多不足，软件的知识产权保护还比较落后，软件产品被盗版、专有技术泄密和软件价值被低估等现象还比较严重，且客户对服务的有偿化的接受程度较低，厂商还必须提供较多的无偿服务。因此，企业面临着软件市场成熟度不高和盗版所引致的产品风险。

第 5 章　潜在主题可视化在上市公司风险识别中的应用

潜在主题 T32 主要反映了行业周期波动的风险。计算机应用服务业具有一定的特殊性，由于受到市场格局变动、产品技术升级等影响，行业内相关产业会呈现出周期性的发展特点，而这个周期比传统制造业的周期要短很多。行业的周期性波动仍会对上市企业的销售收入和利润带来相应影响，因此，公司存在一定的产业周期性波动的风险。同时，在计算机应用服务业内，有相当多公司产品的发展依赖于相关行业诸如电力工业、计算机工业通讯业、交通运输业的发展，如果这些相关行业发展速度变缓或停滞不前，也将影响企业产品的销售和规模的发展。

（10）政策风险

在父类潜在主题"政策风险"的可视化分析中，使用的邻近性计算方法是余弦距离（Cosine），MDS 应力值为 0，拟合优度为 1，共发现了 3 个潜在主题，分别包含 60、19 和 6 个词条，潜在主题及其包含的词条如图 5-14 和表 5-17 所示。

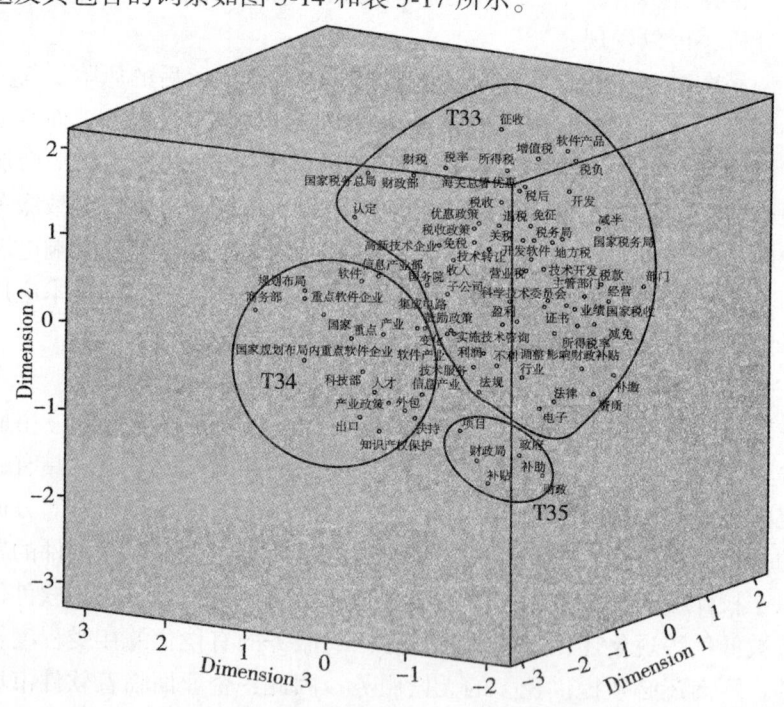

图 5-14　政策风险中的子类潜在主题

5.3 基于邻近矩阵的潜在主题可视化

表 5-17　　政策风险的子类潜在主题构成

编号	子类潜在主题	子类潜在主题的词条构成
T33	税收政策变动带来的风险	变化、补缴、不利、部门、财税、财政部、地方税、电子、法规、法律、高新技术企业、鼓励、关税、国家税收、国家税务局、国家税务总局、国务院、海关总署、行业、技术服务、技术开发、技术转让、技术咨询、减半、减免、经营、开发、开发软件、科学技术委员会、利润、免税、免征、认定、软件产品、实施、收入、税负、税后、税款、税率、税收、税收政策、税务局、所得税、所得税率、调整、退税、业绩、盈利、营业税、影响、优惠、优惠政策、增值税、征收、证书、政策、主管部门、资质、子公司
T34	产业政策变动带来的风险	商务部、规划布局、重点软件企业、软件、信息产业部、国家、重点、产业、集成电路、软件企业、软件产业、国家规划布局内重点软件企业、科技部、人才、产业政策、外包、信息产业、出口、知识产权保护、扶持
T35	财政补贴变动带来的风险	项目、财政局、政府、补贴、补助、财政

根据各个潜在主题及其包含的高频词条返回原始文本进行扎根性分析，可以发现：

潜在主题 T33 主要反映了税收政策变动带来的风险。主要体现在所得税、增值税和营业税。第一，地方对享受税收优惠的资质认定，"两免三减半"的年限认定有可能与国家不一致，部分上市公司存在补缴税收的风险；第二，若未来国家税收优惠政策出现不可预测的不利变化，将对公司的盈利能力产生一定的不利影响；第三，如果公司业务未来不能满足相关免税条件，将不再享受有关税收优惠，增值税及营业税率的提高将对公司经营业绩产生一定影响,比如公司的主营业务发生变化。

如表 5-18 所示,这方面的相关政策主要有:根据财政部财税字〔1999〕273 号《关于加强技术创新,发展高科技,实现产业化的决定有关税收问题的通知》,自 1999 年 10 月 1 日起,对单位和个人从事技术转让、技术开发业务和与之相关的技术咨询、技术服务业务取得的收入,经主管税务机关审核后,免征营业税。公司技术转让、技术开发业务及相关咨询服务收入免征营业税。根据财政部、国家税务总局、海关总署《关于鼓励软件产业和集成电路产业发展有关税收政策问题的通知》(财税〔2000〕25 号)以及财政部、国家税务总局《关于企业所得税若干优惠政策的通知》(财税〔2008〕1 号)规定,对国家规划布局内的重点软件生产企业减按 10%的税率征收企业所得税;2008 年 1 月 1 日起实施的《中华人民共和国企业所得税法》第 28 条规定"国家需要重点扶持的高新技术企业,减按 15%的税率征收企业所得税。根据《财政部、国家税务总局、海关总署关于鼓励软件产业和集成电路产业发展有关税收政策问题的通知》(财税〔2000〕25 号),财政部、国家税务总局《关于嵌入式软件增值税政策的通知》(财税〔2008〕92 号和《国务院关于印发进一步鼓励软件产业和集成电路产业发展若干政策的通知》(国发〔2011〕4 号),对增值税一般纳税人销售其自行开发生产的软件产品,按 17%的法定税率征收增值税后,对其增值税实际税负超过 3%的部分实行即征即退政策。

表 5-18　　计算机应用服务业享受的税收政策一览

政策名称	发布部门	实施时间(年)	主要内容
《关于贯彻落实〈中共中央关于加强技术创新,发展高科技,实现产业化的决定〉有关税收问题的通知》(财税〔1999〕273)	财政部	1999	对单位和个人从事技术转让、技术开发业务和与之相关的技术咨询、技术服务业务取得的收入,经主管税务机关审核后,免征营业税

续表

政策名称	发布部门	实施时间(年)	主要内容
《关于鼓励软件产业和集成电路产业发展有关税收政策问题的通知》(财税〔2000〕25号)	财政部、国家税务总局、海关总署	2000	自2000年6月24日起至2010年年底,对增值税一般纳税人销售其自行开发生产的软件产品,按17%的法定税率征收增值税后,对其增值税实际税负超过3%的部分实行即征即退政策,不予征收企业所得税
《中华人民共和国企业所得税法》第28条	财政部、国家税务总局	2008	国家需要重点扶持的高新技术企业,减按15%的税率征收企业所得税
《关于嵌入式软件增值税政策的通知》(财税〔2008〕92号)	财政部、国家税务总局	2008	对增值税一般纳税人销售其自行开发生产的软件产品,按17%的法定税率征收增值税后,对其增值税实际税负超过3%的部分实行即征即退政策
《关于企业所得税若干优惠政策的通知》(财税〔2008〕1号)	财政部、国家税务总局	2008	对国家规划布局内的重点软件生产企业减按10%的税率征收企业所得税
《国务院关于印发进一步鼓励软件产业和集成电路产业发展若干政策的通知》(国发〔2011〕4号)	国务院	2011	对增值税一般纳税人销售其自行开发生产的软件产品,按17%的法定税率征收增值税后,对其增值税实际税负超过3%的部分实行即征即退政策
《高新技术企业认定管理办法》(国科发火〔2008〕172号)	科技部、财政部、国家税务总局	2008	规定了高新技术企业需要符合的认定条件和认定程序,并说明了国家重点支持的高新技术领域

第5章 潜在主题可视化在上市公司风险识别中的应用

续表

政策名称	发布部门	实施时间(年)	主要内容
《电子信息产业调整和振兴规划》	国务院	2009	电子信息产业是国民经济战略性、基础性和先导性支柱产业
《关于促进服务外包产业发展问题的复函》(国办函〔2009〕9号)	国务院办公厅	2009	批准北京等20个城市为中国服务外包示范城市,并在20个试点城市实行一系列鼓励和支持措施,加快我国服务外包产业发展
《关于鼓励服务外包产业加快发展的复函》(国办函〔2010〕69号)	国务院办公厅	2010	完善支持中国服务外包示范城市发展服务外包产业的政策措施,加大财政资金支持力度,做好有关金融服务工作,为服务外包企业做大做强营造良好环境
《进一步鼓励软件产业和集成电路产业发展的若干政策》(国发〔2011〕4号)	国务院办公厅	2011	制定了鼓励软件产业和集成电路产业发展的财税政策、投融资政策、研究开发政策、进出口政策、人才政策、知识产权政策和市场政策等

潜在主题 T34 主要反映了产业政策变动带来的风险。众公司普遍认为,存在"未来不能被持续认定为国家规划布局内重点软件企业及高新技术企业的风险",进而会影响税收优惠政策的享受,对公司经营业绩产生一定的影响。

潜在主题 T35 主要反映了财政补贴变动带来的风险。石基信息、新世纪、中海科技、东方财富、易联众、东方国信、海联讯等上市公司均享受了政府财政补贴，如果国家根据宏观经济形势和产业政策的变化调整财政补贴政策，则会给相关公司带来不利影响。

▶ 5.4 基于质心邻近矩阵的潜在主题可视化

为了提供所有父类潜在主题的整体视图，并对父类潜在主题之间的关联进行知识发现，根据本书 4.3.2 节中设计的基于质心邻近矩阵的可视化方法进行了分析，使用的邻近性计算方法是余弦距离（Cosine），MDS 应力值为 0，拟合优度为 1。

MDS 空间图中，两点的距离越近，其代表的对象的关联度越强。如图 5-15 所示，父类潜在主题"产品与技术风险、财务风险"，"市场风险、政策风险"，"控制风险、内部管理风险、人力资源"的几个组合关系最密切。另外，投资项目风险和财务风险的距离也比较近，行业风险、经营风险离其他父类潜在主题的距离比较远。

为了辅助判断父类潜在主题之间的关联，使用另外一个可视化软件 Netdraw 来反映关联的强度。与 MDS 可视化不同，在 Netdraw 中，点与点的距离是可以调整的，不说明对象的关系强弱，但点与点之间的连线有粗细之分，连线愈粗，说明两个对象的关联愈强，反之则关联愈弱。其结果如图 5-16 所示。可以发现，内部管理风险、控制风险、人力资源风险三者之间的连线最粗，产品与技术风险和财务风险之间的连线较粗，与 MDS 空间图中的结果是一致的。与 MDS 不一致的是，市场风险与政策风险的连线非常细，关联并不密切。

本书将进一步使用基于属性叠加邻近矩阵的潜在主题可视化方法对关联度较强的父类潜在主题进行联合分析。

第 5 章 潜在主题可视化在上市公司风险识别中的应用

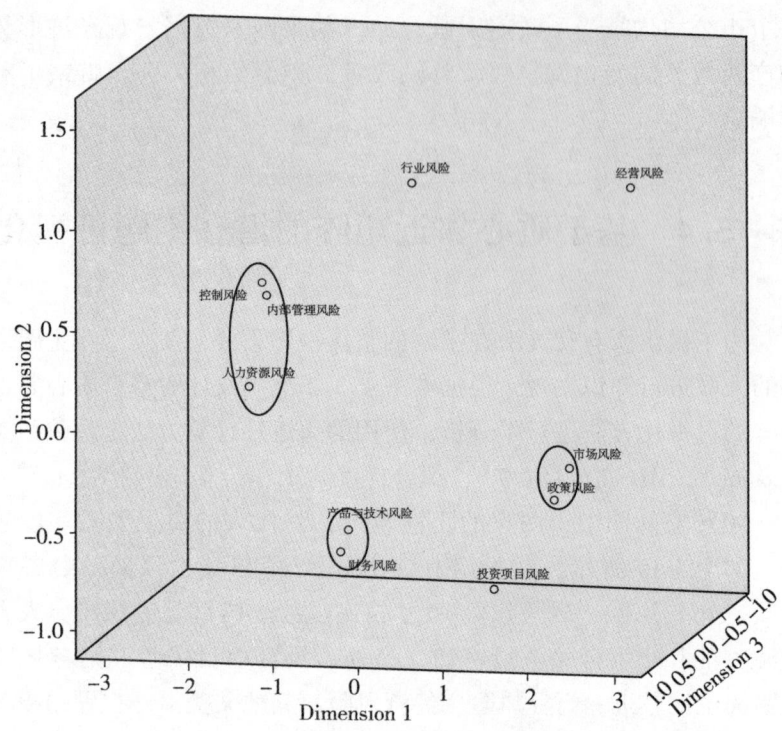

图 5-15 父类潜在主题的整体视图（1）

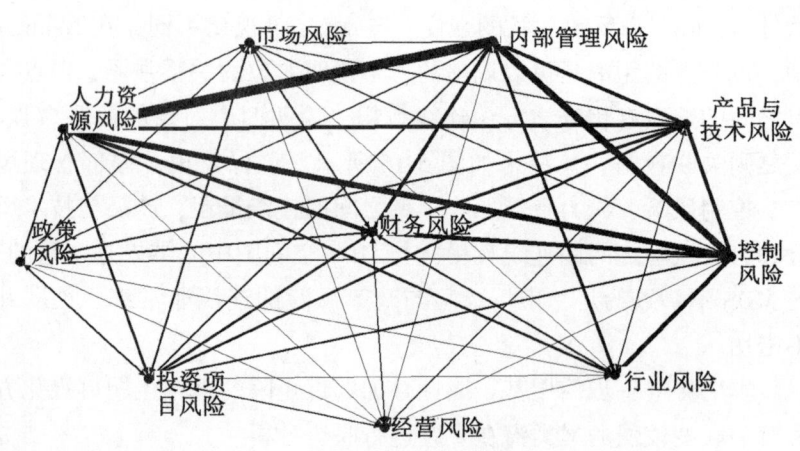

图 5-16 父类潜在主题的整体视图（2）

5.5 基于属性叠加邻近矩阵的潜在主题可视化

根据 5.4 节的结果,决定对父类主题的以下四个组合进行联合分析。

(1)"市场风险"与"政策风险"属性叠加的可视化结果

根据本书 4.3.3 节设计的基于属性叠加邻近矩阵的潜在主题可视化方法,对"市场风险"和"政策风险"的词条进行了混合,剔除词频低于 45 的词条,并去除重复词条中词频较低的词条,得到待分析的高频词条 88 个。为了便于区分,来自父类潜在主题"政策风险"的词条后标注了"#"号。

可视化分析中,使用的邻近性计算方法是余弦距离(Cosine),得到属性叠加邻近矩阵,进行 MDS 投影。MDS 度量方式为 Euclidean Distance,应力值为 0.07149,拟合优度为 0.97104,可视化结果如图 5-17 所示。

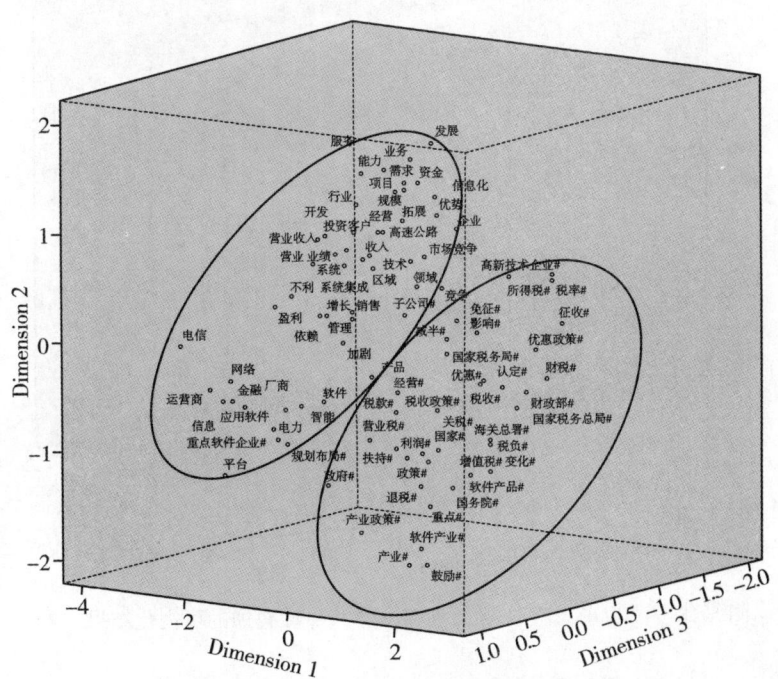

图 5-17 "市场风险"与"政策风险"属性叠加的可视化结果(1)

在图 5-17 中，来自"市场风险"和"政策风险"形成了界限清晰的两个类别，两个父类潜在主题中的词条在 MDS 空间图中没有发生混合。

这是否说明两个父类潜在主题没有共享的子类潜在主题？那又是什么原因导致两个父类主题在基于质心矩阵的可视化结果中呈现强关联关系。需要采取其他方法进一步探寻"政策风险"和"市场风险"之间的关联。

使用基于欧式距离的邻近关系计算方法（$c=1.3$，$k=2$）代替上一步中使用的余弦距离（Cosine），重新生成属性叠加邻近矩阵，并进行 MDS 投影。MDS 应力值为 0.05344，拟合优度为 0.99129，可视化结果如图 5-18 所示。

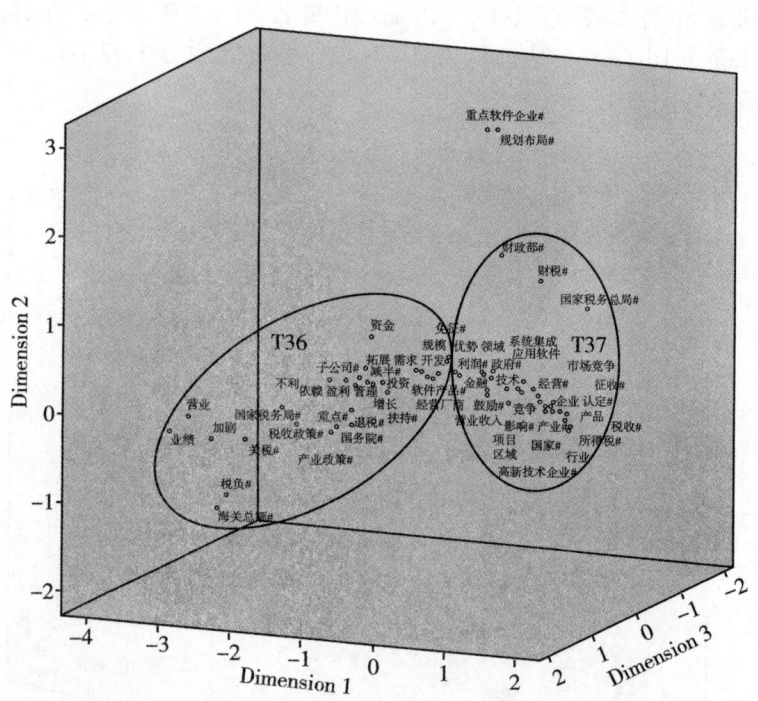

图 5-18 "市场风险"与"政策风险"属性叠加的可视化结果（2）

在图 5-18 中，有如下发现。

5.5 基于属性叠加邻近矩阵的潜在主题可视化

发现一:"应用软件、系统集成、领域、技术、产品、营业收入、市场竞争"等来自"市场风险"的词条与来自"政策风险"的词条"政府、高新技术企业、认定、征收、税收、所得税、影响、鼓励"产生了集聚,形成了新的子类潜在主题T36。

发现二:"营业、经营、业绩、盈利、利润、增长、拓展、资金、投资、依赖"等来自"市场风险"的词条与来自"政策风险"的"税收政策、税负、国家税务总局、海关总署、关税、退税、减半、免征、扶持"等词条产生了集聚,形成了新的子类潜在主题T37。

新发现的子类潜在主题一方面说明了"政策风险"和"市场风险"产生强关联的原因是政策中的税收政策会影响上市公司的经营业绩、盈利水平、资金来源等市场表现,如果没有了优惠的税收政策的扶持,上市公司将面临更严峻的市场风险;同时也暗示了计算机应用服务业作为新兴行业和高技术产业,其经营业绩、利润在一定程度上依赖于"免征"、"减免"、"减半"等有利的税收政策。

(2)"财务风险"与"投资项目风险"属性叠加的可视化结果

根据本书4.3节设计的基于属性叠加邻近矩阵的潜在主题可视化方法,对"财务风险"和"投资项目风险"的词条进行了混合,剔除词频低于30的词条,并去除重复词条中词频较低的词条,得到待分析的高频词条85个。为了便于区分,来自父类潜在主题"投资项目风险"的词条后标注了"#"号。

使用基于欧式距离的邻近关系计算方法($c=1.3$, $k=2$),得到属性叠加邻近矩阵,进行MDS投影。MDS应力值为0.04158,拟合优度为0.99460,可视化结果如图5-19所示。

在图5-19中,有如下发现。

发现一:"项目、资产、净资产、投资、收益率、成本、净利润、规模、融资、合同、成本、现金流、负债、波动"等来自"财务风险"的词条,与来自"投资项目风险"的词条"资金、实施、技术、产品、研发、市场、业务、建设、投入、新增、折旧、

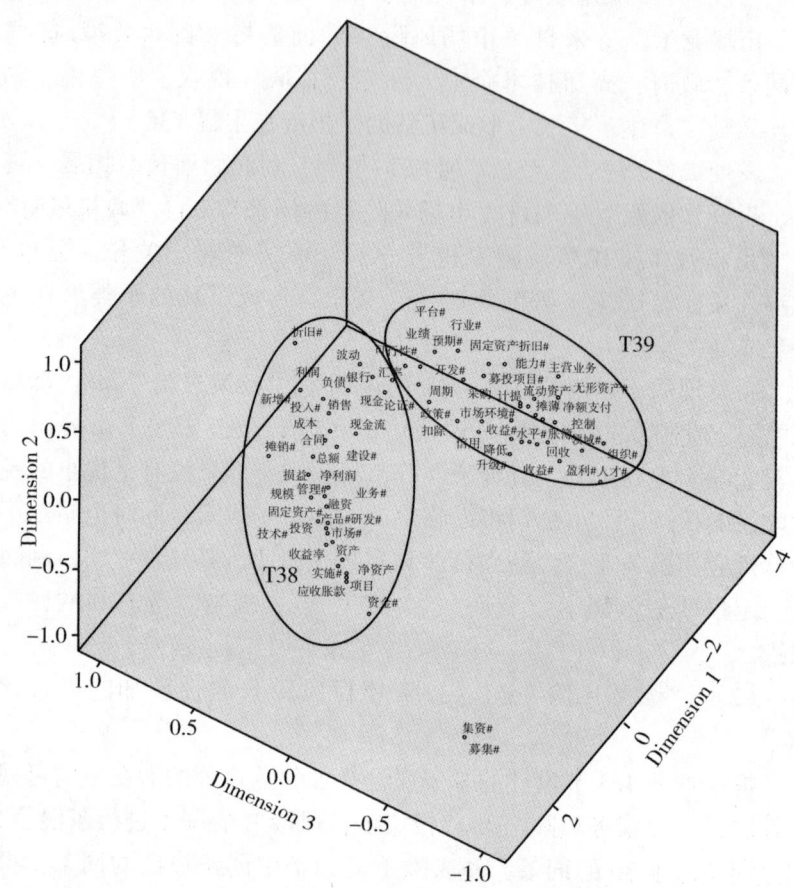

图 5-19 "财务风险"与"投资项目风险"属性叠加的可视化结果

摊销"产生了集聚,形成了新的子类潜在主题 T38。

发现二:"主营业务、周期、计提、信用、扣除、流动资产、回收、降低、控制"等来自"财务风险"的词条,与来自"投资项目风险"的"行业、平台、升级、可行性、预期、市场环境、募投项目、收益、水平、效益、盈利"等词条产生了集聚,形成了新的子类潜在主题 T39。

新发现的子类潜在主题解释了投资项目实施对财务状况的影

5.5 基于属性叠加邻近矩阵的潜在主题可视化

响,一方面,发行人在股票市场上成功募集资金以后,由于募投项目实施的周期性,企业短期内将面临净利润增长幅度将小于净资产增长幅度导致的净资产收益率的下降风险;另一方面,伴随着投资项目的实施,在技术创新、产品研发、市场开拓、业务发展的投入不断增加,如果不能达到预期效益,将会导致固定资产折旧及摊销额增加而导致利润下滑的风险。新募投项目的收益水平、盈利水平、效益极大地影响着企业的财务状况。

(3)"财务风险"与"产品与技术风险"属性叠加的可视化结果

根据4.3节设计的基于属性叠加邻近矩阵的潜在主题可视化方法,对"财务风险"和"产品与技术风险"的词条进行了混合,剔除词频低于30的词条,并去除重复词条中词频较低的词条,得到待分析的高频词条99个。为了便于区分,来自父类潜在主题"产品与技术风险"的词条后标注了"#"号。

可视化分析中,使用的邻近性计算方法是欧式距离($c=1.3$, $k=2$),得到属性叠加邻近矩阵,进行 MDS 投影。MDS 度量方式为 Minkowski,应力值为 0.03999,拟合优度为 0.99490,可视化结果如图5-20所示。

在图5-20中,有如下发现:

发现一:"集资、募集、项目、投资、成本、负债、研发、费用、摊销、折旧"等来自"财务风险"的词条,与来自"产品与技术风险"的"新产品、研发、新技术、技术人员、市场、需求、产品开发"产生了集聚,形成了新的子类潜在主题T40。

发现二:"效益、账龄、收益、摊薄、盈利、净额、支付、流动资产、回收、固定资产折旧"等来自"财务风险"的词条,与来自"产品与技术风险"的"技术发展、周期、发展趋势、人才、升级、技术创新、能力、质量、竞争力、自主、软件开发"等词条产生了集聚,形成了新的子类潜在主题T41。

新发现的子类潜在主题很好地解释了"财务风险"与"产品与技术风险"的关联。上市公司要保持市场地位,需要根据市场需求和市场发展趋势,把握技术发展的周期性,增强自主技术创新

第 5 章　潜在主题可视化在上市公司风险识别中的应用

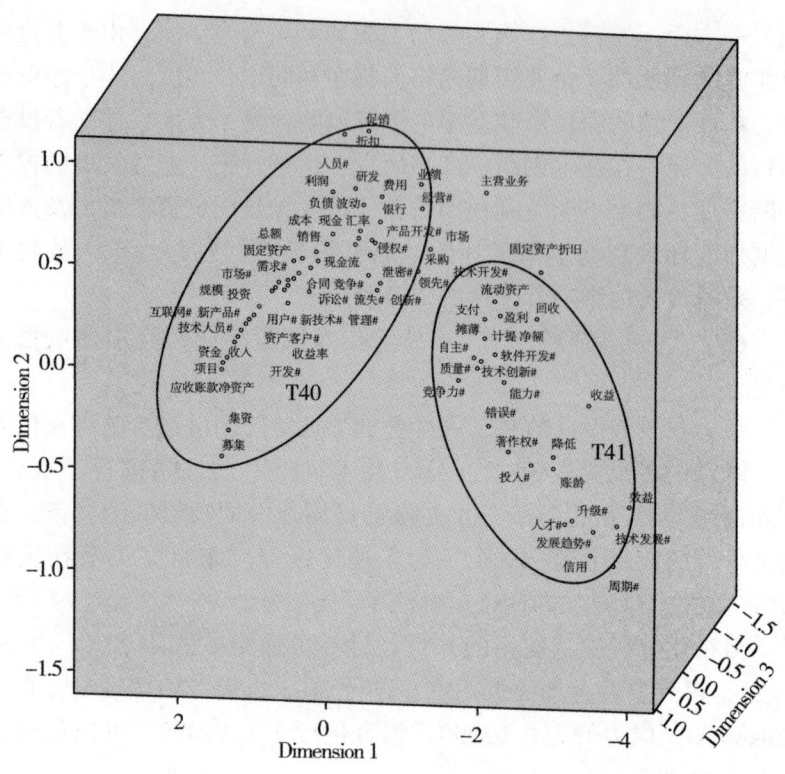

图 5-20　"财务风险"与"产品与技术风险"属性叠加的可视化结果

能力，在新产品研发、新技术开发、技术人才升级等方面增强竞争力。在这个过程中，不仅有"产品与技术开发"方面的风险，还伴随着不可忽略的财务风险，影响研发费用、固定资产摊销与折旧、负债、投资成本等方面的财务状况。

（4）"内部管理风险"、"控制风险"与"人力资源风险"属性叠加的可视化结果

根据 4.3 节设计的基于属性叠加邻近矩阵的潜在主题可视化方法，对"内部管理风险"、"控制风险"和"人力资源风险"的词条进行了混合，剔除词频低于 20 的词条，并去除重复词条中词频较低的词条，得到待分析的高频词条 99 个。为了便于区分，来自父类潜在主题"控制风险"的词条后标注了"#"号，来自父类潜

5.5 基于属性叠加邻近矩阵的潜在主题可视化

在主题"人力资源风险"的词条后标注了"r"号。

可视化分析中,使用的邻近性计算方法是欧式距离($c=1.3$, $k=2$),得到属性叠加邻近矩阵,进行 MDS 投影。MDS 度量方式为 Minkowski,应力值为 0.03786,拟合优度为 0.99486,可视化结果如图 5-21 所示。

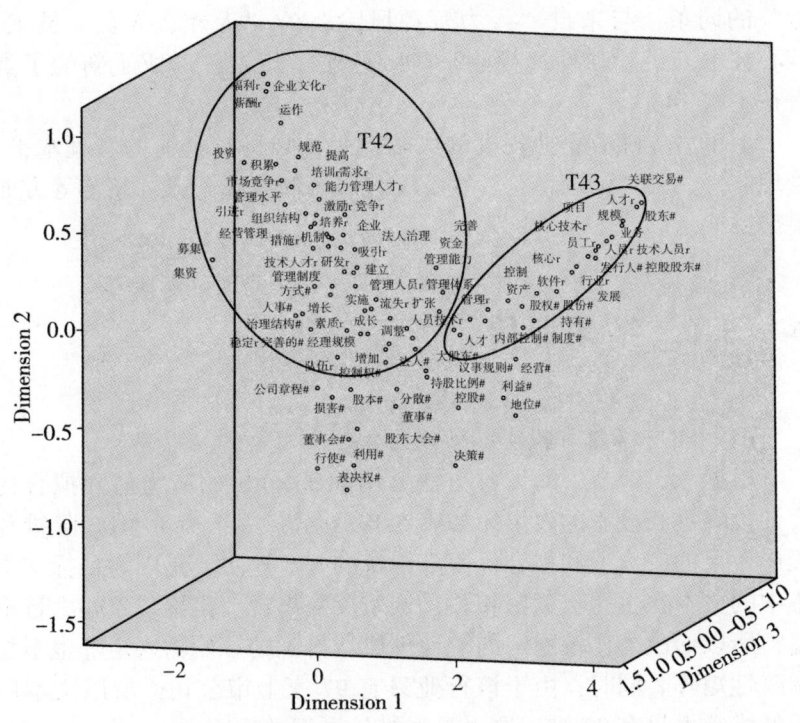

图 5-21 "内部管理风险"、"控制风险"和
"人力资源风险"属性叠加的可视化结果

在图 5-21 中,来自"控制风险"的词条基本上自成一类,没有与"内部管理风险"和"人力资源风险"包含的词条充分混合。这说明父类潜在主题"控制风险"与另外两个主题在招股说明书中的关联并不那么密切。

在图 5-21 中,有如下发现:

发现一:"规范、运作、积累、能力、提高、管理水平、组织结构、经营管理、建立、完善、管理能力、管理体系"等来自"内部管理风险"的词条,与来自"人力资源风险"的"企业文化、薪酬、福利、引进、培训、需求、管理人才、激励、竞争、培养、技术人才、研发、吸引、流失"等词产生了集聚,形成了新的子类潜在主题T42。

发现二:"规模、业务、发展、资产"等来自"内部管理风险"的词条,与来自"人力资源风险"的"人才、人员、员工、核心技术人员、软件、行业"等词产生了集聚,形成了新的子类潜在主题T43。

上市后,随着企业规模的大幅扩张,必将对企业的管理水平、管理能力、公司治理结构、企业文化、薪酬福利、人才培养等方面提出挑战。

5.6 结果评价

(1) MDS降维和投影的效果评价

根据3.3.7节中的评价方法,用MDS分析的应力值和拟合优度评价降维和投影的效果。如表5-19所示,用于衡量MDS降维和投影效果的应力值和拟合优度都出奇的好。这主要是因为目标文本集中的文本在主题上紧密相关,词条反复出现、集聚现象亦大量重复,所以形成了比较稳定的统计规律,得到的原始输入矩阵也不是稀疏性矩阵。同时,由于该行业只有97家上市公司,所以文本向量的维数也只有97维,这也是降维效果好的原因之一。

表5-19   潜在主题可视化的参数设置

父类潜在主题	MDS应力值	MDS拟合优度
市场风险	0	1
经营风险	0	1
财务风险	0	1
产品与技术风险	0	1

5.6 结果评价

续表

父类潜在主题	MDS 应力值	MDS 拟合优度
投资项目风险	0	1
内部管理风险	0	1
控制风险	0	1
人力资源风险	0	1
行业风险	0	1
政策风险	0	1

（2）关联词条空间聚类的效果评价

根据本书 3.3.7 节中设计的空间聚类的评价方法，聚类的算法是 Between-groups Linkage。得到评价结果如表 5-20 所示。MDS 空间聚类的效果与传统层次聚类方法的一致性为 79%，效果较好。

表 5-20　　关联词条空间聚类的效果评价

潜在主题	包含的单词数（个）	与聚类分析重合的单词数（个）	一致性（%）
T1	23	11	83%
T2	33	18	67%
T3	5	5	100%
T4	13	10	77%
T5	31	21	68%
T6	9	9	100%
T7	28	25	89%
T8	11	11	100%
T9	21	13	62%
T10	41	30	73%
T11	23	15	65%
T12	11	11	100%
T13	8	6	75%
T14	29	14	48%

续表

潜在主题	包含的单词数（个）	与聚类分析重合的单词数（个）	一致性（%）
T15	9	7	78%
T16	9	5	56%
T17	13	3	23%
T18	23	19	83%
T19	18	18	100%
T20	10	10	100%
T21	23	19	83%
T22	21	15	71%
T23	22	20	91%
T24	13	12	92%
T25	12	12	100%
T26	37	31	84%
T27	36	31	86%
T28	9	6	67%
T29	13	8	62%
T30	13	11	85%
T31	25	19	76%
T32	15	10	67%
T33	60	53	88%
T34	19	18	95%
T35	6	5	83%
平均值	—	—	79%

5.7 小结与讨论

结果显示，潜在主题可视化的方法成功地提取并表示出了隐藏在实验文本集中的潜在主题，共有父类潜在主题 10 个，子类潜在主题 35 个，如表 5-21 所示。

5.7 小结与讨论

表 5-21　基于邻近矩阵的可视化结果汇总

目标文本集	父类潜在主题	子类潜在主题
计算机应用服务业：上市公司风险因素	市场风险	T1：客户依赖风险
		T2：市场波动和竞争风险
		T3：市场营销与推广风险
		T4：市场拓展风险
	经营风险	T5：内部经营风险
		T6：季节性风险
		T7：外部经营风险
	财务风险	T8：企业规模变化引起的财务风险
		T9：费用摊销与融资风险
		T10：资产负债方面的风险
		T11：财务内部控制风险
	产品与技术风险	T12：产品质量风险
		T13：专利权保护风险
		T14：技术进步和新产品开发风险
		T15：知识产权受侵害的风险
		T16：核心技术泄密风险
	投资项目风险	T17：募投项目管理与实施的风险
		T18：利润下滑的风险
		T19：净资产收益率下降和项目人才不足的风险
	内部管理风险	T20：管理体制调整滞后的风险
		T21：管理水平调整滞后的风险
		T22：管理模式调整滞后的风险
		T23：管理风险的应对思路

续表

目标文本集	父类潜在主题	子类潜在主题
计算机应用服务业：上市公司风险因素	控制风险	T24：关联交易风险
		T25：股权结构分散的风险
		T26：大股东控制的风险
	人力资源风险	T27：专业人才流失风险
		T28：知识结构更新快带来的风险
		T29：人才保障机制方面的风险
	行业风险	T30：行业服务平台建设落后的风险
		T31：知识产权保护不足带来的风险
		T32：行业周期波动的风险
	政策风险	T33：税收政策变动带来的风险
		T34：产业政策变动带来的风险
		T35：财政补贴变动带来的风险

使用的 MDS 可视化软件是 SPSS，可视化输出结果是三维的空间，用户可以进行缩放、调整观测角度等一系列的人机交互，观察潜在主题内部词条的结构和空间距离关系。

在基于邻近矩阵的潜在主题可视化中，使用开放式编码得到的 10 个父类潜在主题对应的文本集，分别进行了文本分词和清洗，得到的词频是词条在子文本集中出现的频次，对于整个目标文本集来说，是局部词频。每一个父类潜在主题对应着一个 MDS 空间图，MDS 空间图中因词条集聚形成的类团就是一个子类潜在主题，类团里的词条可以反映潜在主题的内容，这也是为潜在主题命名的依据。

在这里，潜在主题可视化融入了词频分析法的优势。MDS 空间图中构成潜在主题的词条都是词频高于阈值的高频词条，是一种统计规律的体现。通过对高频词汇间语义关系的揭示，反映的是文

5.7 小结与讨论

本集中文本主要的、共同的内容信息,忽略了次要的、零散的内容信息,并尝试挖掘文本的主题内涵。

在一个潜在主题内的词条互相提供了上下文情景,使用户可以判断词条的具体含义。但这些上下文信息还不够,甚至有些词条在原始文本集中并不具有物理集聚的关系。所以,有必要使用属性叠加的可视化方法为词条寻找更多的上下文。

如果需要理解词条和潜在主题的确切含义及背景知识,扎根性分析无疑提供了一个深入分析的路径。用户在发现感兴趣的风险以后,可以返回原文进行分析。本小节为了进行深入的知识发现,采用了扎根性的分析,其分析结论见本书 5.3 节。

在基于质心邻近矩阵的潜在主题可视化中,MDS 空间图中的对象不再是词条,而是潜在主题。这是一个更高的观测水平,用户可以忽略词条的干扰,聚焦到潜在主题的整体视图,发现潜在主题之间的关联及强度。为了辅助关联强度的判断,还使用了可视化软件 Netdraw 进行了辅助分析。

在潜在主题的整体视图中,可以轻易发现邻近的潜在主题。用户可以对感兴趣的潜在主题组合进行混合研究,使用基于属性叠加邻近矩阵的可视化方法进行深入探究。

在基于属性叠加邻近矩阵的可视化中,进行了 4 组联合分析,分别是"市场风险"与"政策风险","财务风险"与"投资项目风险","财务风险"与"产品与技术风险","内部管理风险"、"控制风险"与"人力资源风险"。联合分析的可视化结果很好地解释了各组中父类潜在主题强关联的原因,也为词条提供了更多的上下文,用户可以获得更多的信息去判断目标词条的含义。

总的来说,潜在主题可视化的方法成功提取并表示出了计算机应用服务业上市公司风险文本集包含的潜在主题、潜在主题之间的关系,并实现了知识发现的目标。

同时,使用潜在主题可视化的方法进行上市公司风险识别具有重要的意义:

(1)丰富了上市公司分析的方法体系,为政府决策者、企业管理者、证券从业人员和公众投资者提供了决策支持

第5章 潜在主题可视化在上市公司风险识别中的应用

对政府决策而言，本研究的结论将为政府制定产业政策、证券市场监管政策提供依据。

对企业经营而言，企业管理者在作出行业进入、企业并购、风险投资、多角化经营、战略合作等决策之前，必须对拟投资行业进行调研，传统的行业分析的方法包括历史资料分析、调查研究法、自建数据库、行业比较研究、行业维度研究、行业群组研究法、行业估值研究法。知识发现及可视化的方法是对行业分析方法体系的强化和补充，为上市公司信息研究提供了新的视角和工具。对于行业内拟上市的企业管理者而言，本研究可以为他们的上市筹备工作提供启发和建议。

对证券投资而言，机构投资者经常使用"自上而下"的投资决策方法，主要是指通过从宏观经济到行业基本面再到个股基本面的三步分析法来筛选出业绩增长能够快于市场平均水平的个股，而这些个股往往具备成为市场长期牛股的潜质。如果行业基本面向好，也将给行业的诸多企业带来诸多商机，而精选行业中具有竞争优势的个股并长期持有，也就随之成为机构投资者们的必然选择。普通公众投资者缺乏投资经验，缺乏获取行业发展状况的渠道和方法，本研究以信息可视化的方式，形象直观地解释了行业风险、行业的发展现状和发展趋势，向不具备深厚行业背景的研究人员和公众呈现整个行业的核心特点、提供了快速了解行业发展状况的通道。

（2）使用开放式编码方法建立了自下而上的上市公司风险分类体系，为公司风险识别和控制提供了新的知识结构

现有的企业风险识别的方法有风险清单分析法、风险源分析法、标准化调查法、财务报表分析法、流程图法、因果图法、风险坐标图、事件树和故障树分析法[1]。本研究将计算机应用服务业上市公司招股说明书中关于风险的描述集中起来，采用开放式编码的方法，对风险进行分类，并采用统计方法对风险的重要性进行排序。从实际工作出发，建立了上市公司的风险分类体系，将对公司

---

[1] 许谨良. 风险管理(第四版)[M]. 北京：中国金融出版社，2011.

5.7 小结与讨论

风险识别、控制和管理起到一定的支撑作用。

知识发现的特点之一是潜在有用性,不同的人观察知识发现的结果,可以结合自身的需求,得到不同的启发,进而辅助决策①。而行业分析是经济学研究中假设的来源,对科研人员来说,许多的模型假定来自行业研究。

本研究首次将信息可视化技术引入上市公司行业分析,通过旋转、调整观测角度等人机互动方式,有助于揭示研究对象的空间邻近关系,发挥人的智力判断,并发现知识内容上的关联,形成一系列有待进一步研究的假设,为相关分析、回归分析提供假设前提,为科研工作人员提供了新的研究思路和启发。

另外,需要强调的是,本书中所提方法还可以应用于其他领域和场景。

通过调整应用策略,潜在主题可视化方法可以应用于不同语种的文本集,包括中文和英文;可以应用于不同的格式化程度的文本集,格式化文本比如招股说明书等商业文本、科技项目申报书等等,非格式化自由文本比如网络跟帖、在线问答等网络文本;还可以应用于不同篇幅的文本,等等。

上市公司招股说明书构成的文本集属于中文、格式规范、正式、长篇幅的文本;对于英文、格式不规范、短篇幅、自由文本的应用在另一项工作中做了验证②。

---

① 史忠植. 知识发现(第二版)[M]. 北京:清华大学出版社,2011.
② Zhang J., Zhao Y.. A User Term Visualization Analysis Based on a Social Question and Answer Log [J]. *Information Processing and Management*, 2013, 49(5): 1019-1048.

第6章 总结与展望

本章对全书的工作进行了总结与展望。
内容安排如下：
6.1 节把本书的主要工作归纳为八个方面。
6.2 节指出了本书的不足和局限性。
6.3 节对下一步的工作进行了展望。

围绕文本集潜在主题发现及可视化这一研究命题，本研究论述了使用可视化方法表示、挖掘和展示潜在主题的基本原理，构建了潜在主题可视化的方法流程与策略体系，为主题发现、主题挖掘研究的纵深拓展提供新的思路和视角，可应用于文本知识发现、查询扩展和知识检索等领域。

▶▶ 6.1 本书的主要工作

本书构建了一套完整的主题关联文本集合中潜在主题表示、挖掘和发现、展示和呈现、理解和解释的方法体系和流程，很好地解决了第1章提出的研究问题，取得了如下的研究成果：

（1）论证了使用具有集聚关系的词条集合表示潜在主题的原理

在词汇集聚理论的基础上，提出了使用具有集聚关系的词条集

6.1 本书的主要工作

合表示潜在主题的观点。词汇集聚存在于文本中围绕某个主题语义的相关词条之间，将文本集内相关词条的集聚特性抽象出来，形成一定的统计规律，就可以找到表达同一主题的词汇集合，并用这个词汇集合来表示文本集中的潜在主题。

（2）论证了 MDS 用于潜在主题发现的基本原理、可行性和优势，设计了使用 MDS 可视化方法挖掘并展示潜在主题的基本流程

为了将词条之间的集聚关系抽象出来，使用词条在转置向量空间中的邻近关系来表示词条在原始文本集合中的集聚性，接着使用 MDS 将邻近关系投影到可视空间中，使具有集聚关系的词条在 MDS 空间图中集聚成潜在主题。同时，也给出了潜在主题可视化的详细操作步骤和各个步骤的工作原理。潜在主题可视化融入了词频分析法的优势，通过对高频词汇间语义关系的揭示，反映了文本集中文本主要的、共同的内容信息，忽略了次要的、零散的内容信息。

（3）克服了 MDS 可视空间中只能展示有限个对象的局限

为了克服可视化展示空间容量的局限，引入了开放式编码的方法，将词条分配到不同的父类潜在主题中，每一个父类潜在主题对应着一个词条-文本矩阵，也对应着一个 MDS 空间图。这样，就把大量的对象拆解在不同的 MDS 空间图中进行展示，克服了可视空间容量有限带来的难题。同时，在方法设计环节，设计了基于质心矩阵的可视化方法，又可以将开放式编码环节拆分的主题，还原在一个 MDS 空间图中进行展示，并寻找主题之间的关联。

开放式编码是典型的定性研究方法，使得用户可以根据文本集的内容初步确定父类主题的数量，有效地控制了每个父类主题对应的 MDS 空间图里面细分潜在主题和词条的数量，保证了可视化的效果。

（4）在一定程度上解决了 MDS 空间聚类结果可解释性、可理解性较差的问题

针对 MDS 在结果可解释性、可理解性方面的欠缺，本书将扎根分析的思想融入潜在主题可视化的流程中，并进行了流程再造，将潜在主题展示出来以后，根据用户的兴趣点和研究需要，返回原

始资料解释潜在主题及其关联，定位主题内容、为词条集合提供更丰富的上下文情景，寻找特殊案例、重点案例进行深入分析。扎根思想的引入为可视化结果的深入解读提供了有效的解决方案。

开放式编码和扎根性分析的引入，使潜在主题可视化方法流程得到了重塑，这是对潜在主题可视化方法流程的第一次改进和优化。

（5）提出了潜在主题可视化中的情景模型

为了进一步寻找改进和优化潜在主题可视化方法的突破口，研究了潜在主题及其所含词条的情景依赖特性，并提出了领域情景、主题情景和上下文情景三个层次的情景。同时，本研究也发现，前两类情景在确定研究目标和数据来源时就已经明确了，上下文情景则可以在方法设计环节予以完善和加强。潜在主题可视化中情景模型的提出，为下一步的方法设计提供了思想基础。从领域情景的角度看，如果目标文本集是商业文本或科技文本，这类文本大多具有清晰的文本结构，有表征主题内容的标题、章节标题，应该针对这些特点，设计相应的策略；如果目标文本集是完全无格式化的网络健康信息文本，比如在线问答网站中关于糖尿病的问题和答案，这类文本完全不具备文本结构，甚至没有标题、段落之分，主题内容的分布也非常自由，应该构建另外一种针对性的策略。从主题情景的角度看，对各级潜在主题的理解都应该在其从属的大主题下进行。从上下文情景的角度看，应该通过方法设计为目标词条提供更多的上下文信息。

结合特定的研究目标，本研究构建情景模型的思路和方法可以推广到文本分割、自动摘要等其他文本挖掘和知识发现的领域。

（6）从知识发现的角度出发，设计了具有三个层次的潜在主题可视化方法体系

从 MDS 输入矩阵的设计入手，形成了具有三个层次的方法体系，分别是基于邻近矩阵、基于质心邻近矩阵和基于属性叠加邻近矩阵的可视化方法，并分别可以实现知识归纳与还原、关联知识发现、关联知识解释的目的。

在基于邻近矩阵的可视化方法中，用户可以深入研究父类潜在

6.1 本书的主要工作

主题的内部结构,在三维空间中观察父类潜在主题的构成,观察子类潜在主题的词条构成以及它们之间的空间距离关系,并可以放大感兴趣的子类潜在主题,发现更多的规律和模式。

在基于质心邻近矩阵的可视化方法中,使用质心代表整个父类潜在主题,把文本集中所有的主题放在一个空间中进行展示,与基于邻近矩阵的可视化方法相比,这是一个更高的观测水平,可以让用户可以忽略具体词条等细节的干扰,聚焦于所有主题及其相互关系的整体视图。用户可以轻易地根据空间距离的远近判断主题之间的亲疏关系,发现主题之间的关联及关联强度。这时 MDS 空间图中的对象不再是词条,而是父类潜在主题,对象的内涵和信息含量增加了,也从另一个侧面解决了可视空间中只能展示一定数量的对象的问题。另外,在第 5 章中,使用了社会网络分析可视化软件 Netdraw 对父类潜在主题之间的关联进行了辅助展示。

在基于属性叠加邻近矩阵的可视化方法中,允许用户对强关联的若干个主题进行混合研究,发现新的潜在主题和新的知识,也可以从一定程度解释潜在主题存在关联的具体原因。另外,在基于邻近矩阵的可视化结果中,与词 w_i 从属于同一个潜在主题的词条为 w_i 提供了上下文情景;进行基于属性叠加邻近矩阵的可视化以后,与词 w_i 从属于同一个潜在主题的词条规模得以扩大,词 w_i 的上下文情景被更多的还原了出来。对于英文文本集来说,属性叠加邻近矩阵可以还原出一部分在文本分词时被强制切分开的词组或短语,增强了用户对潜在主题语义含义的认识和理解,让用户可以得知单个词条在上下文中的含义。

将这三个层次的方法加入潜在主题可视化的方法流程以后,完成了对潜在主题可视化方法流程的第二次改进和优化。

(7)提出了潜在主题可视化方法在不同性质文本集中的应用策略

针对不同性质的文本集合,本书设计了"先分词、后编码"和"先编码、后分词"两种策略,前者将文本分词得到的词条分成若干个类属,每个类属就是一个父类潜在主题,适用于短篇幅、完全非结构化文本构成的文本集,比如在线问答等网络文本,这类文本集对应的词条-文本矩阵往往是稀疏矩阵；后者先根据章节标题等结构特征将文本划分为若干个子文本集，每个子文本集对应一个父类潜在主题，再进行文本分词，适用于包含章节标题的、大篇幅、弱结构化文本构成的文本集，比如招股说明书等商业文本和项目申报书等科技文本。对中文、英文文本集处理流程的差别，则主要体现在预处理的环节，比如处理英文文本集时需要加入词根还原、同义词合并等步骤。

（8）实现了潜在主题可视化方法在上市公司风险识别和知识发现中的成功应用

潜在主题可视化是典型的知识发现的过程，在上市公司风险知识发现的应用中，实现了四个方面的知识发现，一是开放式编码得到的风险分类体系，不同于纯理论研究中提出的分类，本书提出的分类遵循自下而上的原则，从原始商业文本中获得公司对风险的最初描述，并抽取出代码（词条），再整合成类属，最后形成完整的分类体系，得到十大类风险，这是一个来自于企业、来自于实际工作的分类标准；二是使用基于邻近矩阵的可视化方法，实现了知识的归纳与还原，揭示了风险的起因、风险的构成、风险的应对策略和思路，这都体现在对单个父类潜在主题的细分和解释中；三是使用基于质心邻近矩阵的可视化方法，实现了关联知识的发现，揭示了各类风险之间的关联、关联的强度，根据经验和文献资料，可以对MDS空间图中邻近性最强的风险之间的关系做出若干假设，并采用其他办法进一步验证；四是使用基于属性叠加邻近矩阵的可视化方法，在一定程度上解释了风险之间的关联，发现了新的模式（新的潜在主题）。

总的来说，本书论证了用具有集聚关系的词条集合表示潜在主题的原理、用转置向量空间中的邻近关系表示集聚关系的原理、用MDS将邻近关系投影到低维空间的原理、融入开放式编码和扎根性分析方法的原理，提出了潜在主题可视化的总体流程和具体步骤。引入扎根理论中开放式编码的技术和扎根性分析的思想，对潜在主题可视化的总体流程进行了第一次优化；设计了基于邻近矩阵、基于质心邻近矩阵、基于属性叠加邻近矩阵的可视化方法，对

6.2 研究的不足和局限性

潜在主题可视化的总体流程进行了第二次优化，形成了一个功能完备、流程清晰的潜在主题可视化方法流程，并可以实现知识归纳与还原、关联知识发现、关联知识解释三个方面的知识发现。针对不同语种、不同篇幅、不同结构化程度的文本集，设计了对应的解决办法和策略。

最后，在以上市公司招股说明书为原材料进行知识发现及可视化的过程中，进一步理顺了一套切实可行的操作流程，为潜在主题可视化方法在政府决策、科研项目管理、证券投资、风险投资等领域的应用提供了可以借鉴的样本和模板，该方法在上市公司知识发现、社交媒体用户行为模式分析等领域有广阔的应用前景。

潜在主题可视化的方法为自由文本、网络文本的可视化、文本挖掘和知识发现提供了有力的支撑。通过 MDS 这种可视化的方法发现和表示潜在主题、潜在主题之间的关系、潜在主题包含的内容，可以大大丰富人们对某一领域内文本的理解，提高人们对文本的认知效率，丰富文本表示的方法体系，用一种直观的、简洁的可视空间结构来描述大规模数据集内的、线性的、高维的文档内容，还原文本集的真实含义、发现潜在的知识。

6.2 研究的不足和局限性

本研究的不足之处在于：

（1）可视化的对象是主题相关的文本构成的集合，没有将方法拓展到非相关文本集合中。没有检测潜在主题可视化在非相关文本构成的集合中的应用效果。理论上说，如果将文本提出的潜在主题可视化的方法应用于非相关文本构成的文本集，应该能够提取出不同方面的主题，发现潜在的主题关联和知识模式。这有待于进一步的实证检验。

（2）没有论证 MDS 空间图中三个维度是否具有特定的含义。

（3）开放式编码是定性研究方法，在为词条归类的过程中可能会掺入个人的主观因素。在开放式编码时，本研究严格遵循操作

第6章 总结与展望

步骤,并引入行业专家的参与,力图保证开放式编码的科学性。但由于水平和视野的局限,仍有可能掺入了个人的主观因素。

(4) 上市公司风险知识发现中文本的数量有限。为了得出有针对性的分析结果,必须选取某一细分行业的公司作为分析样本;同时,由于专业原因,选择了属于信息产业的计算机应用服务业作为招股说明书的文本来源。但细分行业中的上市公司的数量有限,可能会影响结论的普遍性。

6.3 下一步的工作

今后,笔者将从以下几个方面开展工作:

(1) 尝试开发一个软件系统,整合研究中提到的方法,把文本集作为数据输入之后,直接生成包含潜在主题的可视空间。以文本集合为原始数据,可以直接得到分层次的潜在主题;以文本集合中的核心词为输入数据,可以直接得到它的关联词汇和所属的语义情景。

(2) 将本研究的成果应用于查询词拓展,建立一个系统,输入文本,输出潜在主题及其包含的文本;输入词条进行查询,可以得到与其属于同一潜在主题的相关词语。

(3) 检验潜在主题可视化方法在非相关文本集合中是否可以发挥作用。

(4) 根据本研究中发现的潜在主题的内容以及潜在主题之间的关系,提出若干假设,并通过收集数据、设计问卷等方式,对假设进行验证,进行更深层次的知识发现。

附 录

计算机应用服务上市公司名录

序号	公司简称	股票代码	上市时间	序号	公司简称	股票代码	上市时间
1	同方股份	Sh600100	1997	23	远光软件	sz002063	2006
2	亿阳信通	Sh600289	2000	24	东华软件	sz002065	2006
3	华胜天成	Sh600410	2004	25	生意宝	sz002095	2006
4	金证股份	Sh600446	2003	26	石基信息	sz002153	2007
5	ST博通	Sh600445	2004	27	海得控制	sz002184	2007
6	湘邮科技	Sh600476	2003	28	海隆软件	sz002195	2007
7	中国软件	Sh600536	2002	29	科大讯飞	sz002230	2008
8	恒生电子	Sh600570	2003	30	启明信息	sz002232	2008
9	信雅达	Sh600571	2002	31	川大智胜	sz002253	2008
10	用友软件	Sh600588	2001	32	久其软件	sz002279	2009
11	东软集团	Sh600718	1996	33	新世纪	sz002280	2009
12	佳都新太	Sh600728	1996	34	焦点科技	sz002315	2009
13	浪潮软件	Sh600756	1996	35	皖通科技	sz002331	2009
14	宝信软件	Sh600845	1994	36	积成电子	sz002339	2010
15	大智慧	Sh601519	2011	37	汉王科技	sz002362	2010
16	宝信B股	Sh900926	1994	38	太极股份	sz002368	2010
17	深圳华强	sz000062	1997	39	联信永益	sz002373	2010
18	海虹控股	sz000503	2003	40	中海科技	sz002401	2010
19	东方电子	sz000682	1996	41	四维图新	sz002405	2010
20	高鸿股份	sz000851	1998	42	广联达	sz002410	2010
21	南天信息	sz000948	1999	43	达实智能	sz002421	2010
22	新大陆	sz000997	2000	44	启明星辰	sz002439	2010

续表

序号	公司简称	股票代码	上市时间	序号	公司简称	股票代码	上市时间
45	榕基软件	sz002474	2010	72	东软载波	sz300183	2011
46	捷顺科技	sz002609	2011	73	力源信息	sz300184	2011
47	荣之联	sz002642	2011	74	美亚柏科	sz300188	2011
48	博彦科技	sz002649	2011	75	易华录	sz300212	2011
49	中科金财	sz002657	2012	76	拓尔思	sz300229	2011
50	神州泰岳	sz300002	2009	77	银信科技	sz300231	2011
51	立思辰	sz300010	2009	78	天玑科技	sz300245	2011
52	银江股份	SZ300020	2009	79	新开普	sz300248	2011
53	同花顺	SZ300033	2009	80	卫宁软件	sz300253	2011
54	超图软件	sz300036	2009	81	紫光华宇	sz300271	2011
55	朗科科技	SZ300042	2009	82	梅安森	sz300275	2011
56	赛为智能	sz300044	2010	83	海联讯	sz300277	2011
57	华力创通	sz300045	2010	84	飞利信	sz300287	2012
58	天源迪科	sz300047	2010	85	荣科科技	sz300290	2012
59	三五互联	sz300051	2010	86	三六五网	sz300295	2012
60	中青宝	SZ300052	2010	87	蓝盾股份	sz300297	2012
61	东方财富	sz300059	2010	88	汉鼎股份	SZ300300	2012
62	海兰信	sz300065	2010	89	同有科技	SZ300302	2010
63	数字政通	sz300075	2010	90	任子行	SZ300311	2012
64	银之杰	sz300085	2010	91	旋极信息	SZ300324	2012
65	易联众	sz300096	2010	92	华虹计通	SZ300330	2012
66	顺网科技	sz300113	2010	93	兆日科技	SZ300333	2012
67	世纪瑞尔	sz300150	2010	94	润和软件	SZ300339	2012
68	东方国信	sz300166	2011	95	长亮科技	SZ300348	2012
69	万达信息	sz300168	2011	96	金卡股份	SZ300349	2012
70	汉德信息	sz300170	2011	97	北信源	SZ300352	2012
71	捷成股份	sz300182	2011				

参 考 文 献

[1] 安璐. 基于自组织映射的期刊主题研究 [D]. 武汉：武汉大学，2009.
[2] 曹娟，张勇东，李锦涛等. 一种基于密度的自适应最优 LDA 模型选择方法 [J]. 计算机学报，2008，31（10）.
[3] 陈向明. 社会科学中的定性研究方法 [J]. 中国社会科学，1996，6（7）.
[4] 陈向明. 资料的归类和分析 [J]. 社会科学战线，1999（4）.
[5] 储节旺，闫士涛. 知识管理学科体系研究（上）——因子分析 [J]. 情报理论与实践，2012，35（002）.
[6] 储节旺，闫士涛. 知识管理学科体系研究（下）——聚类分析和多维尺度分析 [J]. 情报理论与实践，2012，35（003）.
[7] 董婧灵. 基于 LDA 模型的文本聚类研究 [D]. 武汉：华中师范大学，2012.
[8] 冯璐，冷伏海. 共词分析方法理论进展 [J]. 中国图书馆学报，2006，162（32）.
[9] 盖杰，王怡，武港山. 潜在语义分析理论及其应用 [J]. 计算机应用研究，2004，21（3）.
[10] 宫秀军，史忠植. 基于 Bayes 潜在语义模型的半监督 Web 挖掘 [J]. 软件学报，2002，13（8）.
[11] 郝丽云，郭启煜. 非相关文献知识发现研究进展 [J]. 情报学报，2006，25（3）.

[12] 堪志群,张国煊.文本挖掘研究进展[J].模式识别与人工智能.2005,18(1).

[13] 李纲,戴强斌.基于词汇链的关键词自动标引方法[J].图书情报知识,2011(3).

[14] 李纲,王忠义.基于语义的共词分析方法研究[J].情报杂志,2012,30(12).

[15] 李文波,孙乐,张大鲲.基于Labeled-LDA模型的文本分类新算法[J].计算机学报,2008,31(4).

[16] 李颖,贾二鹏,马力.国内外共词分析研究综述[J].新世纪图书馆,2012(1).

[17] 梁立明,侯长红.情报学家对科学的关注与解读(Ⅱ)——情报学家解读科学的方法[J].情报学报,2003,22(4).

[18] 梁立明,侯长红.情报学家对科学的关注与解读(Ⅰ)——情报学家关注科学的视角[J].情报学报,2002,21(006).

[19] 林鸿飞,姚天顺.基于潜在语义索引的文本浏览机制[J].中文信息学报,2000,14(5).

[20] 刘金亮,卢美莲.基于主题的个性化新闻推荐系统的设计与实现[OL].[2012-12-21].中国科技论文在线,http://www.paper.edu.cn/releasepaper/content/201212-646.

[21] 刘少辉,董明楷.一种基于向量空间模型的多层次文本分类方法[J].中文信息学报,2002,16(003).

[22] 刘云峰等.基于潜在语义空间维度特性的多层文档聚类[J].清华大学学报(自然科学版),2005,45(1).

[23] 马费成,宋恩梅.我国情报学研究分析:以ACA为方法[J].情报学报,2006,25(3).

[24] 邱均平等.网络计量学[M].北京:科学出版社,2010.

[25] 裘江南,张彬.客观知识体系中语义关系的分析分类研究[J].情报学报,2012,31(3).

[26] 上市公司行业分析方法与注意事项[EB/OL].[2012-10-17].http://wenku.baidu.com/view/8a265c1c650e52ea5518986c.html.

[27] 石晶,范猛,李万龙.基于LDA模型的主题分析[J].自动化学报,2009,35(12).

[28] 石晶,李万龙.基于LDA模型的主题词抽取方法[J].计算机工程,2010,36(19).

[29] 孙海霞,成颖.潜在语义标引(LSI)研究综述[J].现代图书情报技术,2007,23(9).

[30] 唐国瑜,夏云庆,张民,等.基于跨语言广义向量空间模型的跨语言文档聚类方法[J].中文信息学报,2012,26(2).

[31] 王波,厚峰.中文单词聚类的比较研究[C]//第三届学生计算语言学研讨会论文集,沈阳:第三届学术计算语言学研讨会,2006.

[32] 赵琦,张智雄,孙坦,等.主题发现技术方法研究[J].情报理论与实践,2009(4).

[33] 王国勇,徐建锁.TCBLSA:一种中文文本聚类新方法[J].计算机工程,2004,30(5).

[34] 王小华,徐宁,谌志群.基于共词分析的文本主题词聚类与主题发现[J].情报科学,2011,29(11).

[35] 王晓光.科学知识网络的形成与演化(Ⅰ):共词网络方法的提出[J].情报学报,2009(004).

[36] 王晓光.科学知识网络的形成与演化(Ⅱ):共词网络可视化与增长动力学[J].情报学报,2010(002).

[37] 王曰芬.文献计量法与内容分析法的综合研究(Ⅰ)——综合方法研究的可行性,思路与原则[J].情报学报,2009,28(5).

[38] 王曰芬.文献计量法与内容分析法的综合研究(Ⅱ)——综合研究的方法构成[J].情报学报,2009,28(6).

[39] 夏立新,陆伟,沈吟东(译).信息检索可视化[M].北京:科学出版社,2009.

[40] 徐戈,王厚峰.自然语言处理中主题模型的发展[J].计算机学报,2011,34(8).

[41] 李怀祖.管理研究方法论(第二版)[M].西安:西安交通

大学出版社，2012.

[42] 徐硕，乔晓东，朱礼军，等．共现聚类分析的新方法：最大频繁项集挖掘［J］．情报学报，2012，31（2）．

[43] 许谨良．风险管理（第四版）［M］．北京：中国金融出版社，2011．

[44] 宣云干．基于潜在语义分析的社会化标注系统标签语义检索研究［D］．南京：南京大学，2011．

[45] 杨峰，周宁，吴佳鑫．基于信息可视化技术的文本聚类方法研究［J］．情报学报，2006，24（6）．

[46] 叶春蕾，冷伏海．科技文献全文主题识别方法实证研究［J］．现代图书情报技术，2012（1）．

[47] 余肖生，周宁，张芳芳．基于可视化数据挖掘的知识发现模型研究［J］．中国图书馆学报，2006，32（5）．

[48] 余正涛，樊孝忠，郭剑毅，等．基于潜在语义分析的汉语问答系统答案提取［J］．计算机学报，2006，29（10）．

[49] 湛志群，张国煊．文本挖掘与中文文本挖掘模型研究［J］．情报科学，2007，25（7）．

[50] 张铧予，李广建．基于文献的语义资源库建设及其在NSTL中的应用［J］．图书情报工作，2012，56（9）．

[51] 张凌周，春雷，寇广增．基于共词分析的国内知识服务研究［J］．图书情报工作，2009，53（24）．

[52] 张玉连，刘娟，齐峰，等．基于摘要和日志中相关词共现策略的移动查询扩展［J］．现代图书情报技术，2009，10．

[53] 赵琦，张智雄，孙坦．文本可视化及其主要技术方法研究［J］．现代图书情报技术，2008，8（24）．

[54] 赵鑫，李晓明．主题模型在文本挖掘中的应用［OL］．［2012-12-27］．http：//vdisk.weibo.com/s/6PBbC．

[55] 钟茂生．文本主题分割技术的研究进展［C］//第三届全国信息检索与内容安全学术会议论文集，2007．

[56] 钟伟金，李佳．共词分析法研究（一）——共词分析的过程与方式［J］．情报杂志，2008，27（005）．

[57] 钟伟金,李佳. 共词分析法研究(二)——类团分析[J]. 情报杂志,2008,27(6).

[58] 钟伟金,李佳,杨兴菊. 共词分析法研究(三)——共词聚类分析法的原理与特点[J]. 情报杂志,2008,27(7).

[59] 周亦鹏. 基于软件人的情境主题分析及应用研究[D]. 北京:北京科技大学,2012.

[60] 朱安青,周金元. 我国科技查新研究热点及趋势分析——共词分析视角[J]. 图书情报研究,2009,2(4).

[61] Berry M. W., Browne M.. *Unders tanding Search Engines: Mathematical Modeling and Text Retrieval (2nd ed.)* [M]. Society for Industrial & Applied Mathematics, 2005.

[62] Blei D. M., Ng A. Y., Jordan M. I.. Latent Dirichlet Allocation [J]. *The Journal of Machine Learning Research*, 2003, 3(3).

[63] Blei D. M.. *Introduction to Probabilistic Topic Models* [C]//Communications of the ACM, New York: ACM, 2012.

[64] Egghe L., Leydesdorff L. The Relation Between Pearson's Correlation Coefficient and Salton's Cosine Measure[J]. *Journal of the American Society for Information Science and Technology*, 2009, 60(5).

[65] Elo S., Kyngas H.. The Qualitative Content Analysis Process[J]. *Journal of Advanced Nursing*, 2008, 62(1).

[66] Epstein L., Martin A.. Coding Variables[J]. *Encyclopedia of Social Measurement*, 2005(1).

[67] Filliat D.. *A Visual Bag of Words Method for Interactive Qualitative Localization and Mapping*[C]//Robotics and Automation, 2007 IEEE International Conference on. IEEE, 2007.

[68] Ghanem, M, Chortaras, A. Guo, Y, Rowe, A. Ratclife, J. A Grid of Infrastructure for Mixed Bioinformatics Data and Text Mining[J]. *Computer Systems and Applications*, 2005, 34(1).

[69] Gordon M. D., Dumais S.. Using Latent Semantic Indexing for Literature Based Discovery[J]. *Journal of the American Society for*

Information Science, 1998, 49(8).

[70] Griffiths T. L., Steyvers M., Tenenbaum J. B.. Topics in Semantic Representation [J]. *Psychological Review*, 2007, 114(2).

[71] Harper F., Moy D., Konstan J.. *Facts or Friends? Distinguishing Informational and Conversational Questions in Social Q&A Sites* [C]. Proceedings of the 27th International Conference on Human Factors in Computing Systems (CHI 2009). New York: ACM, 2009.

[72] He Q.. Knowledge Discovery Through Co-Word Analysis [J]. *Library Trends*, 1999, 48(1).

[73] He Q.. *Component Study of Co-word Analysis* [D]. Champion: University of Illinois at Urbana-Champion, 2001.

[74] Hofmann T.. *Probabilistic Latent Semantic Indexing* [C]// Proceedings of the 22nd Annual International ACM SIGIR Conference on Research and Development In Information Retrieval. New York: ACM, 1999.

[75] Hsieh H., Shannon S. Three Approaches to Qualitative Content Analysis[J]. *Qualitative Health Research*, 2005(15).

[76] J. Mothe, C. Chrisment, T. Dkaki. *Information Mining- use of the Document Dimensions to Analyses Interactively A Document set* [A]. European Colloquium on Information Retrieval Research, 2001.

[77] Keselman A., Browne A., Kaufman D.. Consumer Health Information Seeking as Hypothesis Testing [J]. *Journal of the American Medical Informatics Association*, 2008, 15(4).

[78] Landauer T. K., Dumais S. T.. A Solution to Plato's Problem: The Latent Semantic Analysis Theory of Acquisition, Induction, and Representation of Knowledge [J]. *Psychological Review*, 1997, 104(2).

[79] Lee J. H.. Analysis of User Needs and Information Features in Natural Language Queries Seeking Music Information[J]. *Journal*

of the American Society for Information Science and Technology, 2010, 61(5).

[80] Leydesdorff L., Vaughan L.. Co-occurrence Matrices and Their Applications in Information Science: Extending ACA to the Web Environment[J]. *Journal of the American Society for Information Science and Technology*, 2006, 57(12).

[81] Leydesdorff L., Welbers K.. The Semantic Mapping of Words and Co-words in Contexts[J]. *Journal of Informetrics*, 2011, 5(3).

[82] Momtazi S., Khudanpur S., Klakow D.. A Comparative Study on Word Co-occurrence for Term Clustering in Language Model-based Sentence Retrieval[J]. *International Journal of Electronics Signals and Systems*, 2012, 1(4).

[83] Raban D. R.. Self-presentation and the Value of Information on Q&A Sites[J]. *Journal of the American Society for Information Science and Technology*, 2009, 60(12).

[84] Robertson G., Card S. K., Mackinlay J. D.. *The Cognitive Coprocessor Architecture for Interactive User Interfaces* [C] // Proceedings of the 2nd Annual ACM SIGGRAPH Symposium on User Interface Software and Technology, Williamsburg, Virginia, United States, 1989.

[85] Shenton A.. The Analysis of Qualitative Data in LIS Research Projects: A Possible Approach[J]. *Education for Information*, 2004(22).

[86] Stegmann J., Grohmann G.. Hypothesis Generation Guided by Co-word Clustering[J]. *Scientometrics*, 2003, 56(1).

[87] Steyvers M., Smyth P., Rosen-Zvi M., etc. *Probabilistic Author-topic Models for Information Discovery*[C]//Proceedings of the tenth ACM SIGKDD International Conference on Knowledge Discovery and Data Mining. ACM, 2004.

[88] Strauss A., Corbin J.. *Basics of Qualitative Research: Grounded Theory Procedures and Techniques* [M]. California, SAGE

Publications, 1990.

[89] Swanson D. R.. Undiscovered Public Knowledge[J]. *The Library Quarterly*, 1986.

[90] Tan S., Cheng X., Wang B., Xu H., Ghanem M. M., Guo Y.. *Using Drag Pushing to Refine Centroid Text Classifiers*[A]. In: Proc. of the ACM SIGIR-05 [C]. Salvador: ACM Press, 2005.

[91] Tonta Y., Darvish H. R.. Diffusion of Latent Semantic Analysis as a Research Tool: A social Network Analysis Approach[J]. *Journal of Informatics*, 2010, 4(2).

[92] Van Eck N. J., Waltman L.. Appropriate Similarity Measures for Author Co-citation Analysis[J]. *Journal of the American Society for Information Science and Technology*, 2008, 59(10).

[93] White H., McCain, K.. Visualizing a Discipline: An Author co-citation Analysis of Information Science, 1972-1995[J]. *Journal of the American Society for Information Science*, 1998, 49(4).

[94] Zhang J.. *Visualization for Information Retrieval* [M]. Berlin, Germany: Springer, 2008.

[95] Zhang J., Wolfram, D., Wang, P.. Analysis of Query Keywords of Sports-Related Queries Using Visualization and Clustering[J]. *Journal of the American Society for Information Science and Technology*, 2009, 60(8).